공평한 분배를 꿈꾼
50인의
경제 멘토

공평한 분배를 꿈꾼
50인의
경제 멘토

초판 1쇄 2014년 11월 5일
글 매슈 포스테이터
옮긴이 이미숙 · 김바비
펴낸이 권경미
펴낸곳 도서출판 책숲
출판등록 제2011-000083호
주소 서울시 용산구 후암동 8
전화 070-8702-3368
팩스 02-318-1125

ISBN 978-89-968087-8-7 44320

이 도서의 국립중앙도서관 출판예정도서목록(CIP)은 서지정보유통지원시스템
홈페이지(http://seoji.nl.go.kr)와 국가자료공동목록시스템(http://www.nl.go.kr/kolisnet)에서
이용하실 수 있습니다.(CIP제어번호: CIP2014031184)

*책값은 뒤표지에 있습니다.
*잘못 만든 책은 구입하신 서점에서 바꾸어 드립니다.
*책의 내용과 그림은 저자나 출판사의 서면 동의 없이 마음대로 쓸 수 없습니다.

문명을 바꾼 발견자들

공평한 분배를 꿈꾼 50인의 경제 멘토

매슈 포스테이터 글 | 이미숙 · 김바비 옮김

책숲

경제학은 현대 사회를 지배해요. 인플레이션 통제부터 세계화를 이해하는 일까지, 휴대폰 요금을 책정하는 일부터 자동차 사용료를 책정하는 일까지, 가난을 측정하는 일부터 행복을 측정하는 일까지, 무역을 자유화하는 일부터 오염을 제한하는 일까지, 전쟁을 일으키는 일부터 평화를 구축하는 일까지도요.

월스트리트, 런던, 파리, 프랑크푸르트, 도쿄, 상하이, 시드니, 뭄바이 등지에서 경제학자들이 모여 기업의 주식 거래나 정부의 채권, 통화에 대한 방향을 쏟아내지요. 그들은 여러분의 저축이나 연금 액수, 고용주의 미래 등 사실 정부의 운명을 좌지우지하는 의사 결정의 핵심 인물이지요. 이 점만 고려한다 해도 경제학은 가장 영향력 있는 사회 과학이에요. 노벨상을 수여하는 사회 과학 분야는 경제학뿐이며 그 덕분에 경제학은 물리학이나 의학의 영향력에 맞먹는 학문으로 자리를 잡았어요.

경제학에서 영향력이 큰 논의들은 경제학 안팎에서 도전을 받고 있지요. 어쩌면 이것은 그리 놀라운 일이 아닐 거예요. 경제(인간이 생산, 분배, 소비, 상품과 서비스 교환을 조직하는 방식, 그리고 소비, 투자 가격, 고용, 정부 지출을 관리하는 방법)는 무척 복잡합니다. 더구나 핵심 변수인 인간의 행동은 수동적이기보다는 능동적이지요. 그렇기 때문에 겉보기에는 간단할 것 같은 경제도 이해하기가 그리 쉽지 않아요. 경제학의 논의들은 이따금 상식을 완전히 뒤엎는 것처럼 보이지요. 애덤 스미스 이후부터 경제학자들은 해외 무역과 투자에 긍정적인 입장을 보였어요. 경쟁이 심해지면 소비자들이 지불하는 가격은 내려가고 생산 효율성은 올라가지요. 경쟁은 또한 효율적이지 못한 기업을 파산시켜서 실업을 일으킵니다. 그 결과 많은 사람이 조금씩 이익을 얻는 반면 소수의 사람들은 생계 수단을 잃게 되지요.

만일 실업 문제가 빨리 해결되지 않는다면 한 도시나 마을, 개개인의 삶을 떠나 지역 전체가 몇 년 동안, 심지어 몇 세대 동안 가난에서 벗어나지 못하지요. 이런 경우에는 대개 국제 무역이 이롭다고 믿기가 어려워요.

그렇기 때문에 중국과 인도의 거대한 노동력이 국제무대 등장하는 것이 그토록 두려운 것이지요. 경쟁 우위이라는 개념을 이해해야 하는 것도 바로 이 때문이에요. 경쟁 우위 개념에 따르면 효율성이 낮은 제품은 다른 국가에 맡기는 것이 이성적인 결정이라고 생각합니다.

역사적으로 훌륭한 학자들은 '경제를 어떻게 이해할 것인가?'라는 문제를 놓고 고심했어요. 이 사상가들은 불완전하기는 하지만 현대 세계의 모습을 결정한 이론을 개발하고 증거를 찾았어요. 이 책은 그들의 이야기예요.

1장

고전주의
이전
경제학

PRE-CLASSICAL ECONOMICS ,

아리스토텔레스

성 토마스 아퀴나스

이븐 할둔

토머스 먼

존 로크

경제학과 경제

데이비드 흄

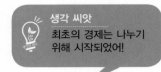

생각 씨앗

최초의 경제는 나누기
위해 시작되었어!

**철학과
경제학** 아리스토텔레스

아리스토텔레스는 자신의 저서 『정치학』에서 고대 그리스 사회의 생산과 분
배 활동을 오이코노미아(oikonomia)와 크레마티스티케(chrematistik)로 구분
했어요. '이코노믹스(economics)'의 어원인 오이코노미아는 집안 살림을 뜻
해요. 크레마티스티케는 돈벌이 기술을 말하는데, 수익과 대출, 재산 축적,
무역과 소득 등 오늘날 우리가 말하는 경제 활동과 비슷한 의미예요.

아리스토텔레스는 철학자로 이름 높은 학자답게 도덕
의 관점에서 경제 활동을 구분했어요. 하나는 가정
과 국가를 다스리는 데 필요한 경제이고,
다른 하나는 그저 돈을 벌기 위한 수단이었
지요. 이를 '오이코노미아'와 '크레마티스티케'로 불렀어요.

오늘날 우리가 사용하는 '경제학(economics)'이라는 단어는 오이코
노미아에서 왔어요. 하지만 아리스토텔레스의 구분과는 거리가 있지
요? 엄밀하게 따지면 현대의 '경제학'은 아리스토텔레스 식으로 보면
크레마티스티케라는 '돈벌이 기술'에 훨씬 가까워요.

고대 그리스는 독재와 민주주의가 공존하는 다채로운 사회였어요.
행정 구역으로 보면 고대 그리스의 영토는 폴리스(도시)와 시골로 구성
되어 있었지요. 아리스토텔레스는 유한한 것은 자연스러운 것이고 무
한한 것은 부자연스러운 것이라 보았어요. 그래서 오이코노미아를 살

공평한 분배를
꿈   꾼

아가기 위한 자연스러운 활동이자, 어느 사회에나 필요한 활동으로 본 반면 크레마티스티케는 사회를 위협하는 것으로 여겼답니다.

이러한 생각 때문에 아리스토텔레스는 이자를 받아 돈을 버는 고리대금을 몹시 혐오했어요. 교환으로 써야 할 돈을 이득을 버는 용도로 쓰는 것은 돈을 부자연스럽게 사용하는 행태였기 때문이지요. '말은 새끼를 낳지만 돈은 새끼를 낳지 못 한다.'라는 말이 이를 상징하는 표현이에요. 뿐만 아니라 이런 활동이 계속 늘어날 수 있다는 이유를 들어 크레마티스티케를 사회를 위협하는 파괴적인 개념으로 여겼어요.

하지만 재미있는 점은 아리스토텔레스가 크레마티스티케를 혐오했음에도 불구하고 여기에는 도덕적인 면만 존재하는 것이 아니라 분석적인 면도 존재한다는 것이에요. 아리스토텔레스가 쓴 도덕 철학의 고전인 『니코마코스 윤리학』 제5권에서는 화폐는 모든 사물을 비교하기 위해 탄생했다고 해요. 신발 두 개는 신발 한 개와 비교했을 때 두 배 가치가 있지요? 하지만 신발과 침대의 가치 차이는 어떤지 알 수 있나요? 이처럼 상품이 균등하지 않으면 거래를 할 수가 없답니다. 화폐가 탄생하면서 모든 것을 같은 단위로 재어 균등화했기에 교역을 할 수 있었던 것이지요. 아리스토텔레스가 제기한 가격에 대해 이후의 학자들은 수세기 동안 연구했어요.

Aristoteles

출생 기원전 384년,
그리스 마케도니아
업적 경제 활동이라는 개념
을 제시한 최초의 사상가
사망 기원전 322년,
그리스 유비아 섬

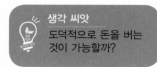

도덕과 경제학 성 토마스 아퀴나스

신학자이자 철학자로 널리 알려진 토마스 아퀴나스는 『신학대전』에서 경제 문제를 다루었어요. 그는 아리스토텔레스와 마찬가지로 경제 행위를 물질의 거래보다 도덕적인 측면에 관심을 두고 해석했어요. 그래서 돈을 빌려주고 이자를 받는 것은 부당한 행위라고 생각했으며, 단순히 돈을 벌기보다는 옳은 일을 하는 것이 중요하다고 강조했답니다.

서로마 제국은 상업이 활발했어요. 하지만 이후 서로마 제국이 게르만족의 이동으로 무너지자 화폐 제조는 중단되었고, 금은화는 너무 귀해져서 찾아보기도 어렵게 되었지요. 이 때문에 5~9세기 무렵 유럽은 화폐를 통한 상업경제가 아닌 자급자족 형태인 장원경제로 바뀌게 된답니다. 그래서 당시 거래는 대부분 현물로 이루어졌지요. 유럽의 농노들은 제분기를 빌려 곡식을 가공하는 일부터 자식들을 결혼시키는 일에 이르기까지 사사건건 영주들에게 대가를 지불해야 했으며, 이 지불 수단은 화폐가 아니라 곡물이나 노동이었어요. 그러다가 9세기 이후 새로운 은광이 발견되는 등 귀금속 생산량이 늘어나면서 유럽의 광업이 발달하고 화폐 주조가 조금씩 활발해지기 시작했어요.

이전까지 몇백 년 동안 물물교환으로 거래가 이루어지다 귀금속 통화가 시작되면서 시장에는 혼란이 왔어요. 무엇을 가격의 기준으로 삼아야 할지 몰랐기 때문이지요. 아퀴나스는 『신학대전』(1266~1273)에서 경제 활동의 도덕적 접근에 대해 언급했어요. '구매와 판매 과정에 일어나는 사기(Fraud Committed in Buying and Selling)'라는 제목의 77번 질문에서 그는 다음과 같은 문제를 검토했어요.

1. 어떤 물건을 본디 가치보다 비싸게 파는 것이 정당한가?
2. 결함이 있는 물건을 판매하는 것은 부당한 일인가?
3. 판매자가 판매하는 물건의 결함을 알려야 할 의무가 있는가?
4. 거래에서 이익을 남기고 물건을 판매하는 것이 정당한가?

거래의 정당성은 민법에 따라 결정되므로 첫 번째 질문처럼 어떤 물건을 본래의 가치보다 비싸게 판매하는 것은 법적으로 아무 문제가 없어요. 또 물건을 사는 사람은 조금이라도 더 싸게 사고 싶어 하기 때문에 그러한 행동이 정당하다면 가치보다 비싸게 파는 것도 용인되어야 하는 게 맞지요? 그러나 아퀴나스는 공정한 가격보다 비싸게 물건을 판매하는 것은 사기나 다름없는 죄라고 결론을 내렸어요.

아퀴나스의 경제에 대한 생각은 고대 개념에서 벗어나지 않았어요. 상업과 돈거래는 부정한 것이고 교환은 효율이 아니라 도덕에 의한 공정이 중요하다고 보았지요. 하지만 이러한 시각은 이후 크게 뒤바뀌게 됩니다.

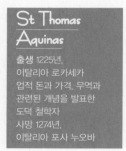

St Thomas
Aquinas

출생 1225년,
이탈리아 로카세카
업적 돈과 가격, 무역과
관련된 개념을 발표한
도덕 철학자
사망 1274년,
이탈리아 포사 누오바

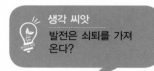

생각 씨앗

발전은 쇠퇴를 가져 온다?

중세 물질주의

이븐 할둔

> 이슬람의 철학자이자 역사학자, 정치가였던 이븐 할둔은 아프리카 사절단으로 참여해 북·서아프리카의 사회 구성과 유라시아의 경제적 연관성에 대해 상세히 기록했어요. 그는 또 『역사서설』을 저술해 '사회학의 아버지'로도 널리 인정받고 있어요. 이븐 할둔은 도시의 발달로 인해 생겨나는 다양한 욕구가 도리어 도시를 쇠퇴하게 만든다고 보았어요.

이븐 할둔은 '문명의 생활사'를 살아 있는 유기체와 비교했어요. 아무것도 없는 촌락이 멋지게 발전하여 거대 도시가 되었다가 쇠퇴하는 것을 탄생과 죽음으로 비교한 것이지요. 이 과정에서 이븐 할둔은 노동이 이윤을 만들며, 이윤은 농업과 상업에 의해 탄생한다고 주장했어요. 몇백 년 후에 등장할 노동가치설과도 흡사한 주장이었지요. 경제가 발전하면서 노동의 이윤은 분업을 통해 상품 생산량이 늘어나면서 극대화되죠. 분업에 대한 이븐 할둔의 분석은 애덤 스미스가 『국부론』에서 말한 '노동이 분업화되면 생산성이 높아지고, 생산량이 증가하면 최저 생활수준을 넘어서게 된다.'는 생각과 비슷해요.

촌락에서부터 발달한 도시는 고도로 발달하면서 곧 쇠퇴하게 돼요. 도시가 발달하고 경제가 발전하면 사람들의 욕구 또한 다양해져

공평한 분배를
꿈   꾼

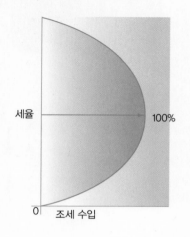

세율

100%

0 | 조세 수입

Ibn Khaldun

출생 1332년,
튀니지 튀니스
업적 고전 정치 경제학의
선구자
사망 1405년,
이집트 카이로

곡선을 보면 세율이 높을 때 조세 수입이 줄어들 수 있다는 사실을 알 수 있다. 세율이 높아지면 처음에는 조세 수입이 증가하지만 어느 시점에 이르면 높은 세율이 추가 활동을 억제하고 그 결과 조세 수입이 줄어든다.

서 풍요로움과 사치품을 가지고 싶다는 욕구가 생기지요. 이러한 다양한 욕구는 곧 도시를 타락하게 하고, 결국에는 쇠퇴에 이르게 하며, 이는 피할 수 없다는 것이 이븐 할둔의 시각이었어요.

　이븐 할둔은 세금에 대해서도 거론했는데, 고대와 중세 시대의 세율은 굉장히 높은 편이었어요. 만약 세율을 낮춘다면 상업으로 벌어들이는 돈에서 세금으로 나가는 돈이 낮아지는 것을 알기에 상인들은 더 활발히 교역에 나서게 되고, 결국 이것이 상업의 더 큰 성장을 불러와서 더 많은 세금이 걷힐 수 있다는 주장이었지요. 이 때문에 일부 학자들은 이븐 할둔의 분석이 나중에 등장하는 공급 중시 경제학과 비슷하다고 생각했어요.

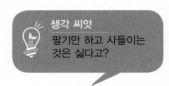
생각 씨앗
팔기만 하고 사들이는
것은 싫다고?

중상주의 이론

토머스 먼

{
중상주의는 16세기 중반 유럽에서 시작되어 18세기 중반까지 세력을 떨쳤지요. 토머스 먼은 중상주의 개념과 원칙에 가장 크게 공헌한 학자로 손꼽혀요. 자신의 대표작인 『영국에서 동인도로의 무역론』과 『외국무역에 의한 영국의 재화』에서 먼은 무역은 승패이며 승리하는 나라는 흑자를 거두고 패배하는 나라는 적자를 본다고 주장했어요.
}

16세기는 신대륙의 발견과 새로운 무역로의 개척으로 국제 무역이 크게 발전하던 시기였어요. 그러다 보니 시장이 확대되었고 유럽 전역에서 상인과 상업의 위치가 크게 오르게 되었지요. 따라서 유럽의 상인들은 각국 정부에 큰 영향을 미치는 계급으로 떠올랐고 국가들은 무역과 제조에 대한 공공 정책을 결정하는 과정에 상인들의 견해를 고려하지 않을 수 없었어요.

토머스 먼은 그런 상인 중 한 사람이었어요. 중상주의의 시초라 할 수 있는 1615년부터 그는 국가가 독점하는 거대 무역 회사인 영국 동인도 회사의 책임자로 일했지요. 자신의 대표작인 『영국에서 동인도로의 무역론』과 『외국 무역에 의한 영국의 재화』에서 토머스 먼은 해외 무역에 대한 자신의 견해를 밝혔어요.

상인들에게 가장 중요한 것은 무엇일까요? 바로 돈을 버는 것이고,

16

공평한 분배를
꿈   꾼

그러기 위해선 싸게 사서 비싸게 팔아 최대한 많은 차익을 남기는 것이지요. 그렇기에 이들은 차익을 많이 남겨 최대한 많은 돈을 버는 것을 가장 중요하게 여겼어요.

중상주의 학자들은 또 값싼 원료를 수입하도록 권장했어요. 값싼 원료를 이용해 금과 은으로 교환할 수 있는 값비싼 완제품을 제조할 수 있었기 때문이지요. 아울러 국가는 해외 무역을 규제하고 수입 제품에 관세를 부과하며 완제품의 수출을 권장하는 과정에 개입하고 국내 제조업체에 특허를 독점적으로 줘야 한다고 믿었지요.

중상주의자들은 또 무역을 승패로 생각했어요. 승리하는 나라는 흑자를 거두고 패배하는 나라는 적자를 본다는 식으로 이해한 것이지요. 하지만 이런 생각 때문에 이들의 사상이 중상주의임에도 불구하고 국가 간의 무역은 빈번히 발생하지 않았어요. 다들 수출은 늘리고, 수입은 줄이고 싶어 했으니까요. 그나마 이러한 중상주의식 무역은 식민지가 존재했기에 유지될 수 있었지요. 식민지에서 아주 저렴하게 원료를 들여와서 만든 상품을 비싸게 되팔았거든요.

이러한 중상주의식 무역은 비합리적이긴 하나, 고대의 아리스토텔레스와 스콜라 학파의 접근 방식에서 완전히 벗어나게 된 계기가 되었어요.

Thomas Mun
출생 1571년, 영국 런던
업적 중상주의 이론의 대표학자
사망 1641년, 영국 런던

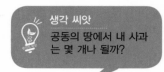

생각 씨앗
공동의 땅에서 내 사과
는 몇 개나 될까?

**사유 재산
축적** 존 로크

영국의 정치 철학자 존 로크는 『통치론』에서 이성과 계시를 판단의 두 가
지 기준으로 제시했어요. 사람은 누구나 생명을 유지하기 위해 자연의 선물
을 소유할 권리가 있다고 주장한 것이 이성의 기준이에요. 반면 계시는 신
은 모든 재산을 인류에 공평하게 제공했다는 사실을 성경에서 확인할 수 있
다고 주장해요.

존 로크는 신이 모든 재산을 인류에게 공평하게 제공
하고, 그것을 사용할 능력과 이성을 부여했다고 했
어요. 나아가 신은 모든 인간에게 공동으
로 지구와 동물을 제공했지만 사람은 누구
나 자기만의 재산을 가질 수 있다고 했지요. 이 사실을 토대로 로크는
노동과 결과물은 그 사람의 소유물이어야 한다는 결론을 내렸어요.

자연의 공동 재산은 노동과 결합되었을 때 자신의 것이 되지요. 예
를 들어 사과나무가 있고 거기에서 여러분이 사과를 딴다면 그 사과
는 바로 여러분의 것이에요. 사과를 따는 일에 여러분의 노동을 투자
했으니까요. 로크가 말했듯이 내가 노동한 결과로 공동 소유 상태에
서 벗어났다면 그것은 내 재산이에요. 그리고 이 재산은 본질적으로
다른 누구도 이용하거나 접근할 수 없는 권리를 의미하지요.

그러나 축적할 수 있는 재산의 양에는 한계가 있어야 해요. 예를

18

공평한 분배를
꿈   꾼

사과를 따는 데 포함된 노동을 통해 사과는 공동 재산에서 그것을 딴 노동자의 재산으로 바뀐다.

John Locke

출생 1632년, 영국 서머싯
업적 재산과 자본 축적 이론
사망 1704년, 영국 에식스

들어 다른 사람을 위해 땅을 충분히 남겨 두고 자신의 노동으로 울타리를 둘러치고 일굴 수 있는 만큼만 재산으로 소유할 수 있어요. 따라서 사유 재산 축적은 노동력의 한계와 재산이 손상되기 전까지 그것으로 이익을 누릴 수 있는지의 여부에 따라 제한을 받게 되지요.

뿐만 아니라 로크는 땅에 울타리를 치고 노동을 투자한다고 해서 다른 사람을 위한 땅의 면적이 줄어들지는 않으며 땅을 쓰기 위해 미개간지도 일구게 되기 때문에 전체적으로 보면 생산을 위해 이용하는 땅의 면적은 증가한다고 주장했어요. 또 손상되기 전에 땅의 장점을 다른 사람에게 제공하거나 다른 대상과 교환한다면 그 장점이 낭비되는 것은 아니라고 지적했지요. 손상되지 않는 대상이라면(사람의 노동이 정하는 한계 안에서) 얼마든지 축적할 수 있어요. 돈도 손상되지 않는 것 중 하나예요. 로크는 돈이 탄생한 덕분에 사람들이 소유물을 증가시킬 기회를 얻었다는 사실을 발견했답니다.

Economics and Economy
경제학과 경제

> 경제학이란 경제를 연구하는 학문이에요. 그러면 경제란 무엇일까요? 경제
> 는 사회가 물질적인 행복을 제공하기 위해 움직이는 생산·분배·소비하는
> 모든 활동을 말하지요. 또 이 모든 활동을 통해 이루어지는 사회적 관계도
> 경제에 포함돼요. 자본주의가 발전하고 시장 중심의 경제가 등장하면서 생
> 산과 유통을 결정하는 구체적인 경제 제도가 도입되었어요.

모든 사회에는 경제가 존재해요. 그러나 현대와 달리 과거 전통 사회
에서는 시장이 전혀 존재하지 않았거나 생산과 유통을 조직하는 다른 방
식의 부속품 정도로 여겼지요. 전통사회에서의 경제는 오늘날의 문화(혹
은 의식이나 종교)와 같은 제도의 일부였어요. 이후 자본주의가 발전하면
서 비로소 경제가 이런 제도로부터 '분리'될 수 있었지요.

자본주의가 발전하고 시장 중심의 경제가 등장하면서 생산과 유통을
결정하는 구체적인 경제 제도가 도입되었어요. 초기 자본주의 시대에는
시장 시스템의 운영과 시장에 대한 규제에 의문이 제기되었지요. 시장은
완벽하지 않아요. 불황과 붕괴, 침체와 공황, 인플레이션과 디플레이션,
실업과 재정 위기 등이 발생하지요. 하지만 시장이 무작위적인 것은 아니
에요. 자본주의의 문제점에 주목한 마르크스와 케인스 같은 경제학자마
저도 시장을 어떠한 경향에 따라 자기 스스로 조절하는 시스템으로 생각
했지요. 이러한 시장의 경향에 관한 서로 다른 관점에 따라 중상주의, 고
전주의 경제학, 신고전주의 경제학(한계주의), 마르크스 주의, 케인스 경

공평한 분배를
꿈   꾼

제학, 제도 경제학과 같은 다양한 이론이 등장했어요.

　가장 위대한 고전주의 정치 경제학자로 손꼽히던 철학자 애덤 스미스는 『천문학의 역사』에서 인간은 예상치 못한 생소한 대상에는 일종의 불안감을 느끼는 한편, 친숙한 대상에는 만족을 느낀다고 말했어요. 우리가 세상을 이해할 목적으로 세상을 분류하려고 노력하는 것은 이런 경향 때문이지요. 스미스는 이렇게 세상을 이해할 목적으로 세상을 분류하면서 혼란 속에서 질서를 찾는 일이 철학과 이론화의 목적이라고 말했어요. 경제학에서는 이러한 분류가 어렵기는 하지만 반드시 필요해요.

　어떤 한 시기를 운영해 온 경제 이론은 더 이상 유효하지 않고 다른 규칙이 그 자리를 대체할 수 있을 정도로 역동적이에요. 따라서 모든 경제 이론은 역사적인 맥락에서 이해해야 해요.

　덧붙이자면, 자본주의의 논리에 대한 해석은 우리의 삶을 바꾸는 공공 정책에도 영향을 끼치는데, 영국의 경제학자 G. L. S. 섀클은 다음과 같이 말했어요.

　"자연 과학에서는 본 것을 토대로 생각하는 반면, 경제학에서는 생각한 것을 토대로 본다."

　우리가 사회에서 발생되는 경제 활동을 어떻게 해석하고 바라볼지는 사실상 다른 사람들의 경제 활동에 대한 시각에 따라 결정되지요. 게다가 이런 경향은 우리가 짐작하는 것보다 훨씬 강력하답니다.

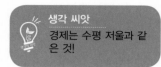

**가격-정화 이동
메커니즘**

데이비드 흄

{ 흄은 1792년에 펴낸 『정치론』에서 무역과 상업, 돈과 이자의 균형에 관한 문
제를 살피면서 부와 돈을 구분했어요. 그는 국가가 부유해지려면 무엇보다
금이나 은과 같은 정화(正貨, 본래의 가치가 액면 가치와 일치하는 화폐)를 축적
해야 한다는 중상주의의 주장을 비난했지요. 대신 노동의 축적과 제품이나
서비스의 양을 기준으로 부를 측정했답니다. }

흄은 해외 무역이 해롭다고 생각했던 과거의 생각들과
는 달리 모든 국가에게 이로울 수 있으며 국제 사회
에서는 균형을 맞추려는 메커니즘이 존재
한다고 주장했어요. 다시 말해 무역은 중상
주의자들이 주장하듯이 승패가 아니라 상생 관계라는 것이지요. 그
는 '가격-정화 이동 메커니즘'으로 중상주의자들이 옹호하는 무역 흑
자 접근 방식의 오류를 입증했어요.

'가격-정화 이동 메커니즘'의 핵심은 한 국가의 물가를 화폐 수량
으로 설명한다는 점이에요. 다시 말해 화폐 공급량이 증가하면 이에
비례해서 물가가 상승하고 무역 상대국 사이의 계약 조건이 달라지지
요. 중상주의에서는 이런 가능성을 고려하지 않았어요. 무역 조건은
변하지 않고 언제나 금과 은 같은 화폐들을 축적하기 위해 무역 흑자
를 내려고 온갖 수를 다 썼지요. 하지만 이렇게 화폐 공급량과 물가

공평한 분배를
꿈   꾼

까지 고려하니 중상주의자들이 생각한 경제의 모습과는 달랐어요.

무역 관계를 맺은 두 나라가 있다고 가정하고, A국이 B국에게 상품을 수출해 그 대금을 받았다고 해봐요. 이 경우 B국은 무역 적자를 보게 돼요. 반면 A국은 B국의 적자만큼 흑자를 거둬 그 돈이 유입되기 때문에 물가가 상승하지요. 이와 반대로 B국에서는 통화가 흘러나 갔으니 물가가 떨어지지요. 이렇게 상대적인 물가가 변하면 두 나라의 무역 조건은 바뀌어요. 물가가 오른 A국의 제품은 물가가 떨어진 B국 제품보다 더 비싸게 되므로 이제는 반대로 B국에서 A국으로 수출이 이루어져요. 그러면 A국의 돈이 다시 B국으로 흘러가게 되지요? 이렇게 무역이 이루어져 수출품의 가치가 수입품의 가치와 같아지고 두 나라의 무역이 균형을 이룰 때까지 이런 현상이 계속되지요.

흄은 정화, 그러니까 금과 은을 예로 들어서 이 주장을 입증했는데, 그가 '정화'라는 용어로 돈을 표현했기 때문에 이를 '가격-정화 이동 메커니즘'이라고 일컬어요. 이 메커니즘의 의미는 경제란 본질적으로 국제적인 평형 상태를 향해 움직이는 경향이 있다는 것이에요. 따라서 중상주의자들이 금과 은을 더 많이 벌기 위해 무역 흑자를 거두려고 하는 노력들은 헛수고란 것이지요.

흄은 이자가 아니라 통화 공급량의 변화가 물가에 영향을 미친다는 개념을 따랐어요. 또 통화 공급량이 증가하면 이자율이 낮아진다는 개념을 주장했지요. 이는 이후에 화폐 수량설이라는 이론으로 발전하게 돼요.

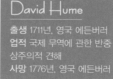

David Hume
출생 1711년, 영국 에든버러
업적 국제 무역에 관한 반중상주의적 견해
사망 1776년, 영국 에든버러

2장

고전주의
경제학

CLASSICAL ECONOMICS

윌리엄 페티
리처드 캉티용
프랑수아 케네
애덤 스미스
돈과 재정
토머스 맬서스
데이비드 리카도
존 스튜어트 밀
카를 마르크스

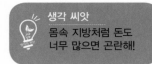
생각 씨앗
몸속 지방처럼 돈도
너무 많으면 곤란해!

윌리엄 페티

윌리엄 페티가 제시한 노동 가치설은 1870년대까지 학계를 지배했던 고전주의 정치 경제학의 시초가 되었어요. 페티는 지대 문제를 이론화하고 지대의 개념을 넓혀 이후 데이비드 리카도 등의 경제학자에게 커다란 영향을 끼쳤지요. 또 경제 현상을 관찰과 실증적 분석을 도입해 살핌으로써 경제의 계량 분석과 보험 산업의 발달에 지대한 공헌을 했어요.

페티는 경제 활동에 규칙성이나 지속성을 부여하는 운영 법칙을 발견하기 위해 애쓴 선구자였어요. 다시 말해 인구와 임금과 같은 표면적인 모습 아래에 숨겨진 경제적 원인을 발견하기 위해 노력했던 것이지요.

페티는 이전의 중상주의자들과는 달리 교환이 아닌 생산에 초점을 두었어요. 무역을 통해 귀금속을 벌어들이는 것이 아니라 토지와 노동력에 따라 부가 결정된다고 본 것이지요. 그래서 상품의 '자연 가격'과 '시장 가격'을 구분했어요. 상품의 자연 가격은 그것을 생산하는 과정에 투입되는 '사회적으로 필요한' 노동 시간으로 결정되었지요. 그리고 시장 가격은 날씨의 변화와 같은 일시적인 조건에 따라 결정되었고요. 이렇게 토지에서 노동력을 통해 상품을 생산했을 때 발생한 총 수익에서 농부의 생계 비용인 자연 가격을 제외한 것을 잉여, 즉 '지

공평한 분배를
꿈   꾼

대'라고 해요. 토지에서 노동을 통해 얻은 가치인 것이지요. 이것이 바로 '노동이 가치를 만들어 낸다'는 노동 가치설이에요.

페티는 농업에서의 생산을 이러한 잉여(지대)를 거두는 순환 과정으로 보고 중요한 개념으로 제시했어요. 그리고 다른 고전주의 학자들과 마찬가지로 임금을 사회와 역사에 따라 결정되는 생존 수단이라고 보았어요.

그런가 하면 페티는 이전까지는 없었던 '통화량에 대한 개념'도 제시했는데, 의사이기도 했던 그는 시장에서 유통되는 통화를 재미있게도 인체의 지방에 비유했어요. 지방이 너무 많으면 인체가 둔해지듯이 국가의 통화량도 너무 많아지면 움직임이 둔해지고, 반대로 너무 적으면 국가가 병이 난다고 한 것이었지요. 당시에 돈처럼 통화가 되는 금, 은과 같은 귀금속을 최대한 많이 축적하는 것을 금과옥조로 여겼던 중상주의와는 다른 시각을 보였죠?

William Petty
출생 1623년, 영국 햄프셔
업적 고전 경제학의 근간
이 되는 노동 가치설의 개
념을 제시
사망 1687년, 영국 런던

경제적 잉여-집주인은 생존
에 필요한 것을 따로 떼어
둔 다음 임대료로 잉여를 취
한다.

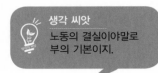

생각 씨앗
노동의 결실이야말로
부의 기본이지.

리처드 캉티용

고전주의
경제학

캉티용은 아일랜드에서 태어나 프랑스에서 주로 활약한 은행가였는데 금융 역사에서 유명한 미시시피 버블에 가담하여 한몫 단단히 챙기고 다시 런던으로 돌아왔어요. 이 때문에 그가 사기꾼인지, 기업가인지 논쟁이 있기도 했답니다. 훗날 그는 살해당하고 집은 불탔는데 잿더미 속에서 『일반 상거래의 본성에 대한 소론』이 발견되어 후대에 그의 생각을 알리게 되었지요.

캉티용은 은행가답게 화폐가 시장에 미치는 영향과 시장 균형에 대한 아이디어를 갖고 있었어요. 당시 프랑스는 유럽 최대의 농업국이었고, 이러한 환경을 기준으로 삼은 그는 토지, 노동, 농업 생산을 부의 원천으로 인식했어요. 계급 또한 지주와 농부, 노동자, 이렇게 세 집단으로 구분했어요.

토지 사용 방식은 지주와 귀족, 군주의 요구에 따라 달랐는데, 그들의 결정에 의해 잉여 노동의 양과 분배 방식이 결정되었지요. 귀족들이 사치품을 더 소비하고 싶어 하면, 토지 경작이 확대되는 것이죠. 사치품의 생산자들은 농사를 짓지 않는 노동자들이기 때문에 이들을 먹일 식량을 생산하기 위해서 토지 경작을 늘려야 했으니까요.

한 가지 주목할 점은 농업과 관련이 없는 영역에서는 잉여라는 개념이 존재하지 않았다는 사실이에요. 당시 프랑스에서는 농작물을 제

공평한 분배를
꿈   꾼

외한 상품과 사치품들은 장인들의 가내 수공업을 통해 만들어졌기에 그들이 생산한 물건의 가치는 온전히 그들에게 귀속되었어요. 그래서 캉티용은 생산의 기본 요소로서 농업 분야와 토지에 초점을 맞추었고 오직 토지와 노동만이 부를 창출한다고 본 것이랍니다.

캉티용은 화폐 교환의 영역에서도 고전 경제학에 중요한 영향을 끼쳤는데, 화폐의 양이 시장에 영향을 준다는 것을 알았어요. 어떤 상품의 가치는 그 상품을 생산하기 위해 들어간 토지와 노동량이지만, 똑같은 내재 가치를 가진 상품이라도 시장에 따라 제값을 못 받는 경우가 생기죠. 그것은 상품이 부족하거나 또는 너무 많이 생산되어서 소비와 비례하지 않기 때문이에요. 하지만 대부분의 경우 이 가격은 상품의 내재 가치와 비슷한 수준을 유지해요.

만약 가격과 상품의 내재 가치가 동일한 상황에서 화폐 공급량이 증가하면 물가 수준에 어떤 영향을 미칠까요? 화폐의 증가가 광산이나 국가에 유입된 금, 은의 증가에 의한 것이라면 금, 은과 관련된 사람의 소득이 늘어나 그에 비례해 지출을 늘리게 되지요. 이들이 소비하는 품목의 생산량이 늘어나면 고용 또한 늘어나면서 자연스럽게 상품의 가격이 오르는 거예요. 반대로 여기에서 소외된 사람들이 누릴 수 있는 몫은 줄어들지요.

캉티용은 이처럼 화폐 공급량이 동시에 모든 산업에 영향을 미치는 것이 아니라 수익 구조와 실질 임금이 변화하면서 연쇄 반응을 일으킴으로써 지속적으로 산업 전반에 전달된다는 사실을 입증했지요.

Richard Cantillon

출생 1680년,
아일랜드 케리 카운티
업적 고전 경제학과 중농주의에 사상적 아이디어 제공
사망 1734년, 영국 런던

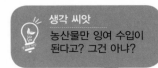

생각 씨앗
농산물만 잉여 수입이
된다고? 그건 아냐?

중농주의 체계 프랑수아 케네

대혁명이 일어나기 전의 프랑스는 중상주의자들로 인해 뒤처진 상공업과 사치품 제조업자들을 지원하고, 반대로 농업 부분은 가격 규제와 수입 제한을 통해 통제했어요. 이는 농업 강국인 프랑스 농민들이 피폐해지는 결과를 불러왔지요. 그래서 비틀대는 경제 제도를 바로잡기 위해 중농주의자들이 나섰는데, 대표적인 인물이 프랑수아 케네였어요.

케네와 중농주의학자들은 경제를 경제 활동의 유형에 따라 나누었어요. 케네는 모든 농사일은 생산적이라고 했는데, 그것은 농사에 투입되는 노동이 추가적인 부를 창출하는 것이라 보았기 때문이지요. 반대로 산업 활동의 생산은 농업을 통해 얻는 수확만큼 가치 있다고 보지 않았기 때문에 비생산적이라고 했어요. 이는 당시 프랑스의 낙후된 생산 제조업 때문일 거예요.

케네는 경제 주체를 크게 생산 계급, 지주 계급, 비생산 계급으로 분류했어요. 생산 계급이란 농업 활동을 통해 생산을 하는 사람들을 말하고, 지주 계급이란 땅을 갖고 있으면서 남에게 농사를 짓게 하는 지주들을 말해요. 비생산 계급이란 농업에 종사하지 않고 제조, 상업 활동을 하는 사람들이었지요. 케네는 이 세 계급 간의 경제 활동을 그의 『경제표』를 통해 분석하고, 상업 사회가 어떻게 재생되고 충전되

공평한 분배를
꿈   꾼

는가를 보여 주었어요.

생산 계급이 농사를 통해 부를 창출하면 지주들은 그들로부터 지대를 받아서 비생산 계급이 생산하는 제조에 투입해요. 비생산 계급은 지주들에게 받은 공임을 생계를 위해 쓰는 것이지요. 이에 따르면 상품과 서비스의 생산은 농업으로 생산된 잉여의 소비라고 할 수 있죠.

케네와 중농주의자들은 조세 문제에도 개입하여 개혁을 요구했는데 그것이 바로 지주에 대한 세금 징수였어요. 상공업 계층은 잉여 가치를 생산하지 못하므로 세금을 물릴 수가 없고, 농업 계층은 부를 창출하기는 하지만 그 부를 지주가 가져가기 때문에 사실상 이들은 세금을 낼 수가 없어요. 따라서 세금을 낼 수 있는 사람은 농업으로 발생한 잉여 이익을 갖는 지주 계층뿐이지요. 하지만 지주들로 이루어진 프랑스 귀족 계층은 이러한 요구를 달갑게 받아들이지 않았어요. 결국 농업에 대한 억제 정책과 세금 부담은 대다수의 프랑스 국민인 농민 계층의 피폐를 가속화시켰고 이는 결국 프랑스 대혁명의 불씨가 된 것이죠.

중농주의학자들이 제안한 정책의 기본 원칙은 농업 분야를 현대화하고 산출과 판매, 수입을 증가시킴으로써 농업을 발전시키는 일이었어요. 농업 잉여가 증가하면 경제 전반에 피드백 효과를 가져올 수 있지만, 중농주의자들이 저지른 오류 또한 존재했어요. 그들은 상품의 산출량 증가만을 생산과 잉여 가치라고 한정 지었기 때문에 농업을 제외한 다른 산업의 기여를 완벽히 배제한 것이었지요.

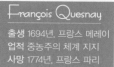

François Quesnay
출생 1694년, 프랑스 메레이
업적 중농주의 체계 지지
사망 1774년, 프랑스 파리

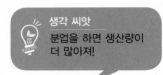
경제학의 아버지 애덤 스미스

18세기 스코틀랜드 출신의 이름난 정치 경제학자이자 윤리 철학자인 애덤 스미스는 제1차 산업 혁명 시대에 살았어요. 이 시기는 상업과 화폐 경제가 확산되고 과학과 영국 계몽 철학이 발전했던 시기였지요. 뿐만 아니라 인류의 미래에 대한 낙관적인 견해, 그리고 인간의 힘과 자유, 민족 자결에 대한 믿음이 등장했어요.

16세기 말에서 18세기까지 유럽에서는 중상주의가 지배적이었어요. 당시는 보호 무역이 성행하여 '수출'은 선호했지만 '수입'은 원하지 않았기에 무역이 제대로 될 리 없었지요.

스미스는 이전의 중상주의 학자들과는 대조적으로 국가의 부를 금과 은이 아니라 노동과 생산량으로 이해했어요. 생산량을 늘리면 소비도 늘어나므로 국가가 부유해진다는 것이었지요. 하지만 당시의 도제 방식으로는 생산량을 늘릴 수 없었어요. 그래서 등장한 것이 분업이랍니다.

스미스는 옷핀 제작을 예로 들면서 분업을 설명했어요. 즉, 옷핀을 만들기 위해서는 여러 공정이 필요한데, 작업 단계를 나누어서 여러 사람이 하면 숙련도가 높아져 한 사람이 옷핀을 만들 때보다 생산량이 더 늘어난다는 것이지요.

공평한 분배를
꿈   꾼

스미스는 자신의 이런 생각을 대표작인 『국부론』에 담았는데, 이 책은 서양 문명에서 가장 위대한 작품 중의 하나로 손꼽혀요. 스미스가 표현한 여러 가지 개념은 경제 이론과 정책에 지속적으로 영향을 미쳤지요. 그래서 스미스는 '경제학의 아버지'로 칭송받아요.

스미스는 시장은 눈에 보이지 않는 시스템에 의해 운영된다고 생각했어요. '보이지 않는 손이 부여한 자연의 질서가 존재한다'고 믿었던 것이지요. 그렇기 때문에 국가 주도로 경제를 꾸려 나가야 한다고 생각했던 이전의 중상주의자들과는 달리 경쟁적인 시장 경제에 정부가 독단적으로 개입해서는 안 된다고 주장했어요. 자유롭게 자신의 물건을 사고팔 수 있도록 정부는 개인의 재산권을 보호해야 한다고 주장했지요.

규제가 없는 시장 활동을 지지한 『국부론』은 자유 시장 체계 연구의 토대가 되었지요. 그러나 스미스는 고전주의 경제학자들과 마찬가지로 자본주의가 지속적으로 부를 축적하고 발전하기보다는 정체되고 쇠퇴할 가능성이 있다고 내다보았어요. 그리고 시장 사회의 경제 성장을 제한할 수 있는 몇 가지 요인으로 시장 포화, 인구 증가, 천연 자원의 감소, 임금과 수익률의 하락을 들었지요.

Adam Smith

출생 1723년, 영국 커콜디
업적 경제학 이론과 정책의 아버지
사망 1790년, 영국 에든버러

뚜벅뚜벅 경제의 발자국 Money and Finance
돈과 재정

돈은 자본주의가 등장하기 한참 전부터 존재했지만 역사적으로 시장 경제와 관련을 맺어 왔어요. 교환 경제에서는 분업이나 전문화가 이루어지기가 어려웠죠. 물물교환으로 거래를 하기 위해서는 필요한 상품을 본인이 직접 만들거나 구해야 했으니까요. 하지만 돈이 등장하면서 분업이 증대되었고 상품의 거래 또한 증가했으니, 돈과 상품의 거래, 분업은 더불어 발전한 것이죠.

자급자족 사회를 제외하면 사람들은 특정한 상품을 전문적으로 생산해 돈을 받고 판매한 다음 그 돈을 가지고 자신에게 필요한 상품과 서비스를 구입하죠. 그러면 이러한 돈의 기능은 무엇일까요?

돈은 계산 단위, 교환의 매개체, 그리고 가치 저장 수단으로 쓰여요. 계산 단위 기능이란 서로 다른 상품의 비교 가능한 가치를 측정한다는 뜻으로, 상품의 가격을 통해 서로 다른 상품의 가치를 판단하는 것이에요. 교환 매개 기능에는 구입과 지불의 수단이라는 두 가지 측면이 있는데, 돈은 상품과 서비스를 직접 구입하기 위해 사용된다는 점에서 구입 수단일 뿐만 아니라 빚을 청산하는 수단으로도 이용되기 때문에 지불의 수단이 되지요. 마지막으로 돈의 가치 저장 기능이란 부를 축적하는 수단으로, 그 자체로 목적이 될 수 있다는 뜻이에요. 그러면 돈을 저축하고 (다시 말해 쓰지 않고) 상품을 팔지 않아도 되지요. 하지만 이런 상황은 위기를 초래할 수 있어요.

돈은 소비와 투자를 위한 자본으로 쓰이며 한 지역의 경제 활동의 수

공평한 분배를
꿈   꾼

준은 어느 정도 돈에 따라 결정되지요. 그렇기 때문에 재정과 신용 제도
가 상당히 중요해요. 신용 거래는 현대 경제의 핵심 요소예요. 현대 화
폐 제도의 기본 개념은 '피아트(fiat)', 즉 국가 화폐를 말하는데, 피아트란
돈의 가치가 금이나 다른 본위 상품과의 교환 비율로 정해지지 않는 화
폐를 뜻해요. 하지만 통화 조합, 통화 위원회, 기준 통화(다른 통화에 맞춰
고정된 통화)와 같은 현대 고정 환율 제도에는 여러 가지 형태가 있어요.
고정 환율과 변동 환율의 문제는 경제 정책에 지대한 영향을 미치지요.

　화폐 이론은 금속주의와 면허주의 두 범주로 나눌 수 있는데, 금속주
의 이론은 돈을 이성의 산물로 간주하고 개인의 시장 활동을 최대한 권
장하지요. 반면 면허주의 이론은 돈을 '국가의 산물'(혹은 다른 핵심 정치
기관의 산물)로 간주해요. 이런 접근 방식은 다양한 형태로 나타나는데,
일부 면허주의자들은 금을 비롯한 본위 상품도 면허주의 원칙에 따른다
고 주장하지요. 그 근거로 국가가 제도를 조직하고 척도를 정의한다는 사
실 등 여러 가지 이유를 내세워요.

　인정 가능성을 화폐 이론의 핵심 요소로 생각
하는 경제학자들도 많은데, 돈이 가치가 있으려면 사
람들에게 화폐로 인정되어야 하지요? 이때 인정 가능성
은 대개 공공 수납 기관에서 받아주는지, 이를 테면 세금
을 지불할 때 쓸 수 있는지의 여부로 확인할 수 있어요.

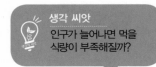

생각 씨앗
인구가 늘어나면 먹을
식량이 부족해질까?

**인구 성장과
총수요** 토머스 맬서스

> 과거에는 인구는 많을수록 좋다고 생각했어요. 그래야 생산도 많이 하고 전쟁을 할 병력도 충분하기 때문이지요. 토머스 맬서스는 인구 증가가 인류에게 재앙이 될 수 있음을 처음으로 주장한 학자예요. 그는 인구의 증가가 사회에 미치는 영향을 다루면서 두각을 나타내게 되었고, 과잉 생산과 총수요의 부족이 경제 구조에 문제를 일으킬 수 있다고 주장했어요.

맬서스가 『인구론』을 통해서 주장한 바를 한마디로 정리하면 '인구는 기하급수적으로 증가하지만 식량은 산술급수적으로 증가한다'는 것이에요. 땅에서 거둘 수 있는 작물의 양은 정해져 있고, 땅이 늘어나지 않는 한 생산할 수 있는 식량도 한정되어 있지요. 게다가 땅을 개간하다 보면 결국에는 더 이상 개간할 땅이 없어지는 상태에 이르지요. 반면 인구의 증가는 통제가 어려웠어요. 당시에는 제대로 된 피임법이 발달하지 않았고 결혼하여 가정을 이룬 남녀가 출산하는 것은 자연의 이치였으니까요. 이렇게 인구가 늘어나면, 식량 공급이 인구 성장을 따라가지 못해서 물가가 어쩔 수 없이 상승하고, 사람들은 굶주리고 가난해진다는 것이 맬서스의 주장이었어요.

맬서스는 정부 보조금이나 기부금을 통해 가난을 퇴치하려는 정

36 공평한 분배를
꿈 꾼

책은 상황을 더욱 악화시킨다고 했어요. 즉, 사회에서 가장 가난한 계층의 복지 문제가 해결되면 인구가 더욱 늘어나고, 공급 문제가 다시 심각해지기 때문에 가난과 위생 개선의 문제는 좋지 않다고 본 것이었지요. 그런 의미에서 맬서스는 인구 성장을 통제하지 못하면 가난을 뿌리 뽑지 못한다고 믿었어요. 다소 몰인정하더라도 가난 구제 금지와 위생 개선 금지가 낫다고 한 것이죠. 이와 같은 견해가 경제학을 '음울한 학문'이라고 부르는 이유가 되었어요.

맬서스는 인구가 증가하면 토지 생산량이 줄어들어 식량 가격이 높아질 것이라고 생각했어요. 이때 지대도 덩달아 오르기 때문에 지주들은 혜택을 보지만, 노동자들은 임금을 오직 먹고사는 데에 지출하고, 자본주의자들은 투자를 위해 소비를 포기하게 되죠. 그렇게 되면 지주들은 그저 수요만 발생시키는 유일한 계층이 되지요. 맬서스가 비싼 지대를 받는 지주들을 옹호한 것은 지주들이 제조 분야를 성장시키는 데 투자하고, 더 많은 지대를 받기 위해 토지의 생산성을 향상시킬 것으로 보았기 때문이에요.

맬서스의 주장은 과격하기도 하고 맞지 않는 부분도 많았어요. 그가 예언했던 식량 부족 사태도 일어나지 않았고요. 그것은 식량 생산성이 엄청나게 폭증하여 인구 증가가 따라잡을 수 없는 수준이 되었기 때문인데, 인구 증가로 인한 재앙 방지에 초점을 둔 그의 주장은 많은 비난을 받았어요. 하지만 이로 인해 인구 문제 연구가 시작되었다는 것을 감안하면 그의 주장도 중요한 의미가 있는 거지요.

Thomas Malthus

출생 1766년, 영국 서리
업적 가난과 인구 성장에
대한 이론으로 가장 널리
알려진 사회 경제학자
사망 1843년,
영국 하트퍼드

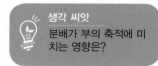

생각 씨앗

분배가 부의 축적에 미치는 영향은?

자본주의의 등장
데이비드 리카도

애덤 스미스가 『국부론』을 발표했던 1776년부터 데이비드 리카도가 『경제학 및 과세의 원리』 초판을 발표했던 1817년 사이에는 산업 혁명이 일어나서 많은 사회·경제적 변화가 일어났어요. 이와 더불어 사회·경제적 엘리트로서 자본가 계층 또한 급성장했지요. 이 무렵에 리카도는 애덤 스미스의 자유 시장 경제에 관한 이론을 보강하여 자본주의의 탄생에 밑거름이 되었어요.

곡물법은 1815년에 제정된 법으로, 영국으로 곡물을 들여오지 못하도록 금지해, 자국의 곡물 생산을 보호하자는 취지로 제정되었어요. 나폴레옹 전쟁 당시 영국 내에서 식량을 비싸게 팔던 지주들이 전쟁이 끝나고 곡물 값이 폭락하자 그 손해를 막기 위해 로비를 벌인 결과가 곡물법이지요.

리카도는 자신의 논문 『경제학 및 과세의 원리』를 발표하면서 인구가 증가할수록 더 많은 식량을 필요로 하여 지대가 계속 상승한다는 주장을 폈어요. 그리고 지대 상승을 막기 위해 곡물법 폐지 또한 주장했지요.

지대가 상승하는 이유를 알아볼까요? 인구가 늘어나면 사람들은 더 많은 식량을 필요로 하지요. 그러면 황무지로 버려 두었던 땅까지 개간해야 하고, 개간된 땅은 기존의 토지보다 덜 비옥하기에 같은 방식으로 작물을 생산해도 비옥한 토지보다는 생산 비용이 높아지지요. 그렇기 때문에 계속 새로운 토지의 개간이 이루어질수록 애초에 비옥한 땅을 소유한 사람은 땅을 가지고 있었다는 것만으로도 높은 이익을 거둘 수가 있지요. 이렇게 토지 비옥도의 차이가 지대의 차이를 만들고 지대의 상승을 부르게 되었어요.

문제는 지주들이 얻는 높은 지대의 비용이 고스란히 자본가에게 돌아가게 되는 것인데, 이러한 비용 전가는 자본가의 경제 활동을 움츠리게 만들었어요. 자본주의를 움직이는 핵심적인 사람들이 자본가라고 볼 수 있는데 이렇게 되면 국가에 큰 타격을 주는 것이죠. 리카도는 이것을 막고자 곡물법 폐지를 주장했던 거예요.

뿐만 아니라 리카도는 생산물의 분배에 관심이 많았어요. 그중에서도 그가 가진 주요 관심사는 분배가 부의 축적에 미치는 영향이었지요. 맬서스는 곡물법에 찬성하는 입장이었는데, 수요를 좌지우지하는 지주가 좀 더 많은 소비를 하기 위해서는 그들이 더 많은 지대를 벌어들이도록 저렴한 곡물의 수입을 제한해야 한다는 것이지요.

반면에 리카도는 맬서스의 과잉 공급에 대해 반박했어요. 모든 생산자는 동시에 소비자이기에 생산된 물건은 소비되기 마련이며, 시장의 욕구에 부응하지 않는 상품을 만드는 것이 나쁜 것이지 상품의 과잉은 나쁜 것이 아니라고 반박했어요. 리카도는 곡물법뿐만 아니라 노동, 임금, 지대 등의 다양한 분야에 대해 맬서스와 논쟁하고 비판했어요. 당시의 논쟁에서는 리카도의 이론이 맬서스보다 우세했어요.

David Ricardo

출생 1772년, 영국 런던
업적 자유 무역과 지대
이론에 중대한 공헌
사망 1823년,
영국 글로스터셔

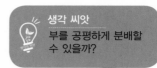
생각 씨앗
부를 공평하게 분배할
수 있을까?

인도주의 경제학 존 스튜어트 밀

> 존 스튜어트 밀의 기본 철학은 그 유명한 '최대 다수의 최대 행복'이지요. 이
> 전 세대까지의 경제학은 부가 지주나 자본가에게 집중되는 것을 당연시 여
> 겼지만 밀은 '최대 다수의 최대 행복'이라는 공리주의 이론에 입각해 부의
> 분배에 관심을 가졌어요. 이 사상은 후대의 복지 제도에 커다란 영향을 미
> 치게 된답니다.

영국 정치 철학자이자 인도주의 철학자인 존
스튜어트 밀은 아버지로부터 혹독한 교육을 받
았어요. 그 덕분에 세 살 때 그리스 어를 배웠고,
일곱 살에 플라톤의 저서 대부분을 읽었으며,
여덟 살에는 라틴 어를, 열두 살까지 많은 철학
책과 기하학, 대수학, 미적분을 섭렵했을 뿐만 아니라 글도 많이 썼어
요. 철학을 기본 바탕으로 갖고 있었던 밀은 경제 현상에 대한 철학적
분석과 함께 공리주의적 시각으로 사회와 경제를 바라보았어요. 그의
이론과 주장이 부의 불균등과 분배에 초점이 맞춰져 있는 것도 바로
그런 이유 때문이었지요.

밀은 리카도 및 다른 고전주의 경제학자들과 비슷한 시각을 가지
고 있었어요. 인구 증가는 식량 가격의 상승을 부른다는 점과 임금과
지대의 상승이 자본가에게 갈 이윤을 왜곡하게 한다는 점, 그리고 이

로 인한 인구 증가로 인해 자본가들에게 돌아갈 이익이 지주들에게 돌아간다고 한 점이 바로 그것이지요. 또한 새로운 기계와 기술의 도입으로 계속 성장이 이루어지다가도 어느 순간에는 더 이상 수익률이 오르지 않는 정체 상태가 발생한다고 주장했어요. 하지만 그는 이러한 정체를 경제적 진보의 시작으로 여겼다는 것이 특이할 만한 점이에요.

밀은 부강한 나라가 되기 위해서는 분배의 개선과 인구 통제가 필수적이라 생각했어요. 그래서 노동자들에게 인구 통제의 필요성을 교육시켜야 한다고 주장했지요. 또한 밀은 노동자들의 협동조합을 이상적이고 역동적으로 바라보았어요. 노동자들의 협업은 노동의 생산성을 증가하고, 또한 자본가와 노동자의 간극을 좁힌다는 것이지요. 그래서 이러한 발전이 진행되면 자본가들도 과거처럼 투쟁 관계를 유지하는 것보다는 협력 관계가 될 것이라고 보았어요. 이후에는 부를 축적하기보다는 사회 정의와 공평한 부의 분배에 대처하고 사리사욕보다는 공공 정신이 지배하게 될 것이라고 했지요. 밀의 가장 중요한 공헌을 꼽자면 생산과 분배의 법칙에서 나타나는 특성을 구분했다는 사실이에요.

John
Stuart Mill

출생 1808년, 영국 런던
업적 역동적인 사회 경제학의 지지자이자 최초의 경제학 교재집필자
사망 1873년.
프랑스 아비뇽

밀은 정부가 사회의 부유 계층으로부터 빈곤 계층으로 부를 재분배하는 과정에 개입해야 한다고 믿었다.

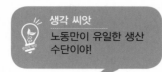

사회주의 경제학 카를 마르크스

> 카를 마르크스는 우리나라에서는 공산주의의 창시자 정도로 알려져 있지요.
> 하지만 그는 경제학자이자 정치학자이며 사회학자, 역사학자, 철학자로 분류
> 할 정도로 대단한 사람이에요. 그는 자본주의에 대해 연구하며 불황이 발생
> 하는 원인과 자본주의의 종말에 대한 통찰력 있는 글을 남기고 '노동 가치설'
> 을 기반으로 이론을 구축했지요.

마르크스가 활동했던 1800년대는 산업 혁명의 전성기였어요. 도시 곳곳에 공장들이 들어서고 많은 노동력을 필요로 하자 농촌의 인구들이 도시로 올라와 공장 근로자가 되었지요. 이 시대에 활동했던 스미스와 리카도, 세이 등과 같은 위대한 경제학자들은 분업과 기계를 통한 대량 생산이 사람들의 삶을 이전보다 훨씬 풍요롭고 행복하게 해 준다고 주장했지만 현실은 그렇지 않았어요. 도시 노동자들은 열악한 환경에서 장시간의 노동에 시달리며 배고픔을 겪어야 했어요. 당시 영국의 통계를 보면 국내 총생산은 엄청나게 상승했음에도 불구하고 국민들의 삶은 오히려 후퇴한 것을 알 수 있어요.

이러한 시기에 마르크스는 『자본론』을 썼어요. 리카도에 의해 완성된 기존의 경제 이론에 반박하기 위해 경제학의 기본 개념인 '노동 가

치설'을 기반으로 자신의 이론을 구축했지요.

노동 가치설은 상품 생산에 들어간 노동이 바로 상품의 가치이며, 유일하게 부가 가치를 생산할 수 있는 수단이라는 이론이에요. 마르크스는 자본을 '죽은 노동'이라고 했는데, 예를 들어 어떤 사업가가 면직물 생산을 위해 공장을 차리고 방적기를 들여와서 사업을 시작했다면 방적기의 가치는 방적기를 제작하는 데 들어간 노동자들의 노동력 만큼이라는 것이지요. 왜냐하면 방적기 스스로가 무엇을 만드는 것이 아니라, 노동자들이 방적기를 가지고 노동을 해야 면직물이라는 상품을 만들 수 있으니까요. 이처럼 자본 자체는 아무것도 할 수 없으므로 '죽은 노동'이라 보고 노동자의 노동이 결합되어야 하는 것으로 인식한 것이지요.

자본가는 노동자들의 노동력을 사서 상품을 생산하고 이윤을 얻어야 하기에 노동자들의 고용에 들인 돈보다 많은 돈을 얻고자 하겠지요? 이를 잉여 가치라고 해요. 자본주의 구조에서는 자본가만이 잉여 가치를 얻을 수 있는데, 이를 위해서는 노동자들을 '쥐어짜야' 하는 것이지요. 소위 말하는 계급 간의 대립은 이렇게 발생해요.

가난과 실패를 개인의 탓으로 돌리던 기존의 자본주의는 마르크스로 인해 사회 보장과 노동 조합을 인정하게 만들었지요.

마르크스는 또 자본주의가 위기 상황이 발생하기 쉬운 체계지만 기술 혁신과 경제 성장을 도모한다는 면에서는 진보한 제도라고 생각했어요. 이후 한계 효용 이론이 나오면서 마르크스의 '노동 가치설'은 설득력을 잃었지요.

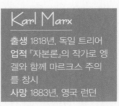

Karl Marx

출생 1818년, 독일 트리어
업적 『자본론』의 작가로 엥겔와 함께 마르크스 주의를 창시
사망 1883년, 영국 런던

3장

신고전주의
경제학

NEOCLASSICAL ECONOMICS '

Competition
경쟁

비록 시장 경제가 분산되고 이따금 무질서한 것처럼 보이지만 시장 경제에
는 분명한 논리가 존재하고 있어요. 바로 경쟁이지요. 경쟁은 시장 경제에 일
정한 특성을 부여하는 한 요인이에요. 가격과 임금도 경쟁으로 인해 균형 있
게 조율이 된답니다. 정부도 독점 금지 규제법 같은 법을 만들어 경쟁 시장을
도모하기도 하고 경쟁이 지나치게 과열되지 않도록 방지하기도 해요.

  수익률이 낮은 분야에서 더 높은 분야로 자본을 이동시키다 보면 한
산업이나 여러 산업의 수익률이 동일해지는 경향이 나타나지요. 수익률
이 낮은 분야에서 자본이 떠나면 그 시장의 공급량이 줄어들어서 가격
이 올라가기 때문에 다시 수익률이 증가해요. 반면 수익률이 더 높은 분
야로 자본이 흘러 들어가면 공급이 늘어나서 가격이 떨어지니까 수익률
도 떨어지게 되지요. 여러 산업의 수익률이 동일해질 때까지 이런 과정이
계속되는데, 노동 시장도 비슷해요. 노동자들이 더 많은 임금을 좇아 움
직이니까 비슷한 직장의 임금이 균등해지는 것인데, 애덤 스미스는『국부
론』에서 이런 경쟁을 명확하게 묘사했어요.
  특정 산업에 있어서 경쟁은 그 시장 구조와 기업의 경쟁이 중요한 요
소로 작용하지요. 시장 구조의 측면에서 보면 어떤 특정한 시장에 존재
하는 기업의 규모와 수가 그 산업의 경쟁 유형을 결정하는 거예요. 예를
들어 기업이 규모는 작지만 수가 많으면 기업은 '가격 순응자(price taker)'
가 되고, 판매를 위한 경쟁이 치열해지지요. 반대로 규모가 크고 수가 적

은 산업이라면 소수의 기업이 시장을 독점하며 기업이 가격 결정력을 가지게 돼요. 하지만 독점 시장이나 과점 시장에서도 경쟁은 존재한답니다. 진입하기 어려운 산업 분야라 해도 재정 자본은 여전히 유동적이니까요.

구매자와 판매자 사이에도 경쟁이 일어나요. 양측의 이해관계가 충돌하기 때문이지요. 판매자는 가격을 올리고 싶고, 구매자는 가격을 내리고 싶어 해요. 그래서 합의에 이르기 위해 경쟁적인 거래 과정이 일어나는 것이지요. 이와 동시에 판매자들과 구매자들 사이에서도 제각기 경쟁이 일어나요. 경쟁에서 이기기 위해 판매자는 가격을 내리고 구매자는 가격을 올리지요. 이 이중적인 싸움(판매자와 구매자, 다른 판매자나 구매자와의 싸움)은 수요와 공급이 균형을 이루는 상태로 돌아가도록 시장을 밀고 당기는 경쟁적인 시장 메커니즘이에요.

이때 정부 규제가 시장 경쟁에 영향을 미칠 수 있어요. 경쟁 시장을 도모하기 위한 조치로 독점 금지 규제법이 있는데, 인위적으로 가격을 높이거나 상품 공급을 줄일 수 있는 과점 기업들이 공모하지 못하게 막는 엄격한 법이지요. 또한 정부 규제는 경쟁이 지나치게 과열되어 뇌물이나 산업체 태업, 스파이 활동, 속임수 등이 일어나지 않도록 방지하지요.

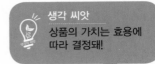
생각 씨앗
상품의 가치는 효용에
따라 결정돼!

월리엄 스탠리 제번스
**한계 이론의
등장**

제번스는 원래 화학과 수학을 공부하다가 경제학으로 방향을 바꾸었어요. 그
때문인지 그의 이론은 이전의 리카도 경제학과는 다르게 경제 문제에 수학을
대입하기 시작했고 도표상의 그래프로 표현하기 시작했지요. 1871년에 발표
한 『정치경제학 이론』은 그런 경제학의 변화가 담겨 있는 책이에요. 그 업적
을 인정 받아 그는 1872년 로열 왕립 학회 회원으로 선출되었지요.

스미스나 리카도, 그리고 좀 더 범위를 넓혀
서 마르크스까지의 경제학은 눈에 보이는 요소
들로 이루어지고 운영되는 경제였어요. 토지, 자
본, 노동 등이 바로 그것이었지요. 그리고 상품의 가
격은 투입된 노동의 가치로 측정하는 '노동 가치설'
이 폭넓게 활용되었어요. 그렇기 때문에 마르크스는
'노동 가치설'로 자본주의가 어떤 결말을 맞을지를 증명한 것이지요.

제번스는 한계 이론을 등장시킨 인물로 한계 효용을 통해 마르크
스의 주장을 그 뿌리부터 분쇄해 버렸어요. 효용이란 만족도라고 볼
수 있는데 어떤 물건을 소비하는 것은 그 물건으로부터 만족을 얻기
위함인 것이지요. 그래서 제번스는 상품의 가치는 노동이 아니라 이
효용에 의해 결정된다고 주장했어요. 예를 들어 시장에서 밀 10kg과
소고기 1kg이 서로 교환된다고 치면, 이 경우 소고기 1kg에 대한 효

용이 밀 10kg에 대한 효용과 같기 때문이에요. 만약 밀에 대한 효용이 낮다면 더 많은 밀을 주어야 교환이 가능하겠지요.

이런 효용의 등장으로 인해 사람들이 한 가지 상품에 대해 서로 다른 가치로 평가하는 것이 가능해졌어요. 그것은 사람마다 서로 다른 효용을 가지고 있기 때문이지요. 또한 사람들이 거래를 하는 것은 더 높은 효용을 얻고자 한다는 것도 설명이 가능해졌어요. 즉, 경제에서 생산보다 교환을 강조한 것이지요.

제번스가 제시한 한계 효용이란 해당 재화를 소비하면서 얻을 수 있는 효용의 양에 해당해요. 우리는 물 없이는 살 수가 없지요? 하지만 평소에는 물에 가치를 두지 않아요. 이는 우리가 너무 많은 물을 가지고 있기에 물의 한계 효용이 0에 가깝기 때문이지요. 하지만 가뭄이 들고 물이 부족해지면 물의 효용은 높은 수준으로 오를 거예요. 이것이 바로 한계 효용의 변동이지요.

제번스는 또한 석탄 산업과 농업에 관한 연구로 유명했어요. 그는 경제가 발전하면 인구가 증가하고, 석탄 수요량이 증가하면 채굴하기 어려운 광산까지도 채굴해야 하므로 비용이 더 올라간다고 했어요. 이는 지대와 농산물 가격에 대한 리카도의 접근과 동일해요.

W. Stanley
Jevons

출생 1835년, 영국 리버풀
업적 가치의 한계 효용 법
칙 제시
사망 1882년.
영국 헤이스팅스

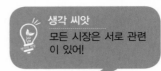
일반 균형 　레옹 발라

프랑스 경제학자 레옹 발라는 문학과 공학 분야에서 공부하고 경력을 쌓은
후에 경제학에 투신했어요. 그는 1871년에 스위스 로잔 대학교 경제학과의
종신 교수로 임명되었지요. 그의 가장 큰 업적은 경제학에 일반 균형이라는
개념을 설명한 것이에요. 이는 긴밀하게 연결된 시장의 모든 상품의 균형 상
태에 대한 통찰이지요.

경제학에서 균형이란 시장에 공급된 상품과
상품을 소비하려는 수요가 일치하는 상태를 말
해요. 스미스와 이후의 고전 경제학자들은 상품의
수요와 공급에 따라 시장이 어떻게 균형을 찾는지를
설명했는데, 이것을 부분 균형이라고 해요.

그런데 발라는 이러한 부분 균형을 미완성의 개
념이라 생각했어요. 왜냐하면 시장에는 수많은 상품들이 있고, 그 상
품들은 서로 밀접한 관계를 맺고 있기 때문이지요. 예를 들어서 시장
에 치킨과 피자, 두 가지 상품만 있다고 해요. 만약에 소비자들이 치
킨을 좋아해서 치킨의 수요와 공급이 늘어나면 반대로 피자는 그 영
향을 받아서 수요와 공급이 줄어들게 되지요. 발라는 긴밀하게 연결
되어 있는 시장의 모든 상품의 균형을 설명하고자 했는데, 이것이 바
로 '일반 균형'이에요.

발라는 『순수 경제학 요론』에서 해결책을 제안했는데, 그가 제시한 접근 방식의 핵심은 '모색'이었어요. 모색이란 경매인이 가격을 발표하면 구매자와 판매자가 각각 희망 가격을 밝히면서 그 가격에 반응을 보이는 시행착오의 과정이에요. 수요에 비해 공급이 지나치게 많다면 경매인은 상품의 공급을 줄이고 수요를 늘이기 위해 더 낮은 가격을 발표하는 것이지요. 이러한 과정은 공급과 수요가 일치하는 해결점에 도달할 때까지 계속 반복되는데, 균형이 이루어진 뒤에도 시장에 가격 변화가 일어나면 예전의 균형 상태가 흐트러지게 돼요. 그러면 발라의 이론에 등장하는 것처럼 가상의 경매인이 지휘하는 새로운 일련의 조절 작용이 다시 일어나지요. 그래서 상대적인 가격 변화에 따라 소비자와 생산자는 균형 상태에 이를 때까지 각각의 제품 양을 조절하게 되는 거죠.

일반 균형이란 시장에 관련된 모든 소비자와 생산자가 동시에 균형 상태를 이루는 상황을 의미하는데, 발라가 생각한 일반 균형의 시스템은 상당히 추상적이에요. 실제로 세상에서는 그런 경제적인 의미의 '경매인'은 존재하지 않으니까요. 정해진 가격은 완벽하지 않고, 모든 시장이 동시에 균형 상태를 이루는 메커니즘도 존재하지 않지요. 그러나 발라의 공헌이 중요한 것은 모든 시장이 서로 관련이 있다고 생각했기 때문이에요. 즉, 한 시장의 수요 혹은 공급 조건이 변화하면 다른 시장의 수요와 공급에 영향을 미친다는 것으로 매우 중요한 의미가 있어요.

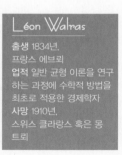

Léon Walras

출생 1834년.
프랑스 에브뢰
업적 일반 균형 이론을 연구하는 과정에 수학적 방법을 최초로 적용한 경제학자
사망 1910년.
스위스 클라랑스 혹은 몽트뢰

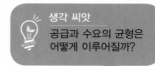
부분 균형 앨프리드 마셜

앨프리드 마셜은 한계 이론 혁명으로 신고전주의 경제학을 탄생시킨 네 명 가운데 한 사람이에요. 한계 이론은 현대 경제학을 지배하는 기본적인 뼈대에 해당하지요. 사실 마셜은 한계 이론에서 발라, 제번스, 멩거와 같은 다른 학자들처럼 확실한 이론을 제시한 것은 아니지만 일반인에게 한계 이론을 널리 알려서 차세대 경제학자들의 연구 토대를 마련했어요.

마셜은 최대한 간결한 방식으로 경제 현상을 설명하려고 했어요. 그래서 한 산업 혹은 특정 상품에서 이루어지는 수요 공급의 원리를 파악하기 위해 '세터리스 파리부스(ceteris paribus)'라는 개념을 제시했지요. 한 기업이나 산업이 다른 기업이나 산업에 영향을 끼치지 않는다는 단순화를 통해 이해와 분석을 쉽게 하기 위한 것이었어요. 이를 위해 마셜은 수학과 도표를 이용했어요.

또한 그는 세터리스 파리부스를 이용하여 한 상품 간의 수요와 공급을 분석하는 부분 균형에 관심을 두었어요. 공급과 수요라는 양날을 가진 마셜의 '가위'는 경제 분석의 주요 요소가 되었어요.

상품 중에서는 가격이 변함에 따라서 사람들이 민감하게 반응하는 상품이 있는가 하면 가격이 오르건 말건 별 반응이 없는 상품도 있

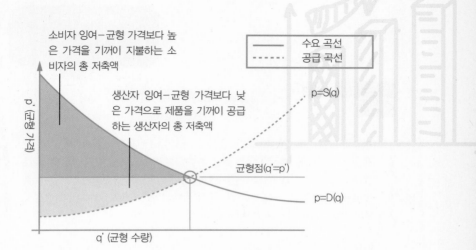

소비자 잉여-균형 가격보다 높은 가격을 기꺼이 지불하는 소비자의 총 저축액

수요 곡선
공급 곡선

p=S(q)

생산자 잉여-균형 가격보다 낮은 가격으로 제품을 기꺼이 공급하는 생산자의 총 저축액

p' (균형 가격)

균형점(q'=p')

p=D(q)

q' (균형 수량)

수요 공급 곡선은 경제학의 주요소다. 두 곡선이 만나는 지점이 균형점이며, 이때 공급은 수요와 동일하다.

지요. 민감하게 반응하는 경우는 가격에 따라 수요와 공급이 크게 움직이고, 반대의 경우에는 가격이 변동해도 수요와 공급에 큰 변동이 없는 경우지요. 마셜은 이러한 상품의 가격과 수요공급의 관계를 '탄성'이란 용어로 설명했어요. 그래서 사치품 같은 상품은 가격이 오르면 사람들이 소비를 보류하기에 탄력적이라 하고 생필품같이 가격이 오르건 말건 반드시 써야 하는 상품은 비탄력적이라고 해요.

마셜은 완전 경쟁 시장 이론을 개발하고 소비자와 생산자, 잉여, 한계 효용 체감, 수익 증가와 감소의 법칙, 내부 경제와 외부 경제, 그리고 신고전주의의 핵심 요소로 자리 잡은 여러 개념을 체계적인 경제 분석으로 통합했어요.

Alfred Marshall
출생 1842년, 영국 런던
업적 부분 균형 분석과
완전 경쟁 이론의 도입
사망 1924년,
영국 케임브리지

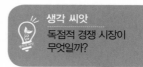

고전 경제학의 부활 — 피에로 스라파

> 이탈리아에서 출생한 피에로 스라파는 무솔리니의 독재에 저항하였으며 그 때문에 영국으로 망명했어요. 피에로 스라파의 천재성을 이미 알아보았던 케인스가 스라파를 케임브리지 대학의 강단에 세우기 위해 애썼지만 스라파는 강단의 교수가 아닌 도서관 사서로 영국 생활을 했답니다. 그곳에서 천재 철학자 비트겐슈타인을 만나 영향을 끼치지요.

스라파는 케임브리지에서 교수가 아닌 도서관의 사서로 일하면서 '고전주의 경제학의 아버지'로 일컫는 데이비드 리카도의 전집을 편찬했어요. 또한 그는 두 가지 큰 저작을 남기는데, 첫 번째가 1926년 칼리아리 대학의 강사 시절에 쓴 『경쟁적 조건에서의 수익 법칙』이며 다른 하나가 1960년에 발행한 겨우 100쪽 분량밖에 되지 않는 『상품 수단에 의한 상품 생산』이라는 책이에요. 스라파는 이 두 저작으로 20세기 경제학에 엄청난 영향을 끼치며 제번스, 마셜 등이 탄생시킨 신고전주의 경제학을 비판하고 스미스와 리카도의 고전주의 경제학을 부활시켰어요.

1920년대 마셜에 대한 비평에서 스라파는 마셜이 만든 완전 경쟁 시장과 부분 균형에서는 마셜의 이론이 제대로 작동하지 않는다는 것을 증명했어요. 이러한 결과로 인해 완전 경쟁 시장과 부분 균형은 버려졌으며 완전 경쟁은 불완전 경쟁에 대한 연구로, 부분 균형은 일반 균형으로 옮겨가게 되었지요.

특히 그는 독점적 경쟁 시장에 대한 개념을 등장시켰고, 이는 이후 1930년대 초반 조앤 로빈슨과 에드워드 체임벌린의 불완전 경쟁에 대한 연구에 큰 영향을 끼치지요.

그가 40년 동안 편집한 『리카도 전집』은 경제학은 물론이고 모든 사회 과학에서 가장 중요한 작품으로 손꼽혀요.

『상품 수단에 의한 상품 생산』은 1960년에 이르러 발표되었으나, 이에 대한 연구는 이보다 훨씬 앞선 1920년대에 시작되었어요. 이 책은 원래 고전주의의 가치 문제를 해결할 목적으로 쓴 것이지만 분배에 대한 한계주의 이론과 마르크스의 노동 가치을 비판하기도 했어요. 이 얇은 책의 위대함은 그간의 근간을 이루던 한계 이론의 허점을 지적하여 그 가정이 오류였음을 증명한 것이라 할 수 있어요.

Piero Sraffa

출생 1898년,
이탈리아 토리노
업적 고전 경제 원칙을 부활시킨 신 리카도 학파의 창시자
사망 1983년,
영국 케임브리지

생각 씨앗
가격은 한계 효용에 따라 결정된다.

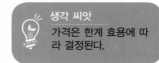

오스트리아 경제학

카를 멩거

오스트리아 경제학자 카를 멩거는 신고전주의 경제학의 창시자로 손꼽히며 제번스, 마셜 등과 함께 한계 이론을 주도한 학자예요. 그러나 멩거의 이론적 접근 방식은 무척 독특해서 '오스트리아 경제학'이라는 독자적인 학파로 분류해요. 오스트리아 경제학의 극치는 가치와 가격 결정 이론이며, 멩거는 『국민 경제학 원리』에서 이 이론의 토대를 마련했지요.

멩거의 이론은 효용과 가치에 있어요. 효용이란 상품을 소비하면서 얻는 만족감을 말하고, 가치란 상품을 사용하면서 얻을 수 있는 욕구에 따라 결정돼요. 따라서 사람들은 자신에게 우선적인 욕구를 채우고 더 높은 효용을 얻기 위해 거래를 하는 것이지요. 그런데 효용이 언제나 일정한 양만큼 상승하는 것은 아니에요.

예를 들어 배가 고플 때 빵 한 개를 먹는다면 만족감이 클 거예요. 이때 빵 한 개가 주는 한계 효용은 매우 크지요. 빵을 하나 더 먹는다면 처음에 먹을 때보다는 만족감이 좀 떨어지지만 그래도 배를 채우니 만족스럽겠죠. 하지만 곧 배가 부르게 되면 빵을 한 개 더 먹어도 이로 인한 만족감은 낮아져요. 한계 효용은 이렇게 상품을 소비할 때마다 점점 그 크기가 줄어들어요.

공평한 분배를
꿈 꾼

멩거는 이를 '한계 효용 체감의 법칙'이라고 불렀어요. 이 원칙에서 그는 소비자가 기꺼이 지불할 가격은 어떤 상품이 제공하는 한계 효용에 따라 결정된다고 주장했지요. 소비의 양이 증가할 때 한계 효용이 감소하므로 상품의 가격과 소비되는 양 사이에는 반비례 관계가 있어요.

만일 상품의 양이 유한해서 가장 중요한 욕구만 충족시킬 수 있다면 나머지 욕구를 충족시키는 일은 포기해야 해요. 그래서 멩거는 가치를 주관적인 범주라고 결론 내렸어요. 가치는 특정한 상황에서 개인이 결정하는 것이니까요.

물은 인간이 생명을 유지하는 데 없어서는 안 되지만 공급량이 무척 많다. 따라서 물의 한계 효용은 낮으며 가격 또한 저렴하다. 이와 반대로 다이아몬드는 인간의 존재에 그리 중요하지 않지만 공급량이 적기 때문에 한계 효용과 가격은 높아진다.

Carl Menger
출생 1840년, 폴란드 노비 송치. (당시 지명 오스트리아 갈리시아)
업적 신고전주의의 창시자이자 오스트리아 경제학의 선구자
사망 1921년 오스트리아 빈

Say's Law of Markets
세의 법칙

자신의 이름에 따라 명명된 경제법칙을 경제학사에 남기는 행운을 가졌던 장 바티스트 세이(1767~1832). '공급이 수요를 창출하다'고 간단히 표현할 수 있는 세의 법칙은 경제학에서 가장 논란이 분분한 중요한 개념이에요. 고전주의 경제학에서 시작된 세의 법칙은 신고전주의 거시 경제학의 중심 요소이며 케인스 학파와 신고전주의 경제학자들이 펼치는 논쟁의 핵심 문제였지요.

세의 법칙은 한마디로 공급 그 자체가 수요를 창출한다는 개념이에요. 사람들이 생산을 통해 번 소득은 모두 소비해 버리기에 공급과 수요는 완벽하게 맞아떨어진다는 내용이지요. 총 산출량과 총수입은 언제나 동일하다는 국민 소득 회계의 등식과도 비슷하므로 이 개념은 원칙적으로는 사실에 가까워요.

하지만 현실적으로는 모두 소비가 되지는 않지요. 생산한 물건이 모두 판매되는 것은 아니니까요. 왜냐하면 번 돈을 모두 쓰는 것이 아니라 일부는 저축을 하기 때문이지요. 세의 법칙에서는 이러한 저축 또한 투자가 되어 또 다른 생산에 쓰이거나 다음 해에 소비된다고 설명해요. 즉, 우리가 생산한 돈은 결국 우리가 다 소비하는 셈이 되지요. 이 말대로라면 공급 과잉도 없고 물가가 오를 일도 없을 텐데 말이에요.

세의 법칙에서는 단기간에는 공급 과잉이나 수요 과잉이 일어날 수 있다고 인정하고 있어요. 하지만 시장은 신속하게 가격을 조정하기에 결국 애덤 스미스가 말한 '보이지 않는 손'에 의해 공급과 수요가 같은 수

공평한 분배를
꿈   꾼

준으로 돌아오지요. 여기에는 가격이 신축적이고 수요가 충분하다는 가정이 필요했어요.

세의 법칙은 분명 고전주의 경제학 시대에는 잘 통했어요. 세의 법칙이 등장한 것은 산업 혁명 초기였는데, 당시에는 생산하는 물건마다 팔려나가기 바빴지요. 때문에 산업 혁명 시기의 엄청난 성장을 설명하기에는 적합했어요.

하지만 산업 혁명 후기부터 나타난 경제 불황은 공급과 수요가 언제나 같은 수준을 유지한다는 세의 법칙으로는 설명할 수가 없었어요. 그리고 대공황이 발생하자 세의 법칙은 사실상 폐기 처분 수준에 이르게 되었어요. 공급이 수요를 창출한다면 왜 그렇게 팔리지 않는 물건이 많으며 그로 인한 실업자들이 많은지를 설명할 수 없었기 때문이지요.

세의 법칙을 금과옥조로 여기던 신고전파 경제학자들은 조금만 버티면 '보이지 않는 손'으로 시장의 불균형을 바로잡아 대공황이 회복할 것이라고 했지만 1년이 지나도 상황은 더욱 심각해졌어요. 이에 대한 해결책을 들고나온 것이 존 메이너드 케인스였지요. 케인스는 세의 법칙과는 정반대로 총수요의 크기가 공급을 결정하는 '유효 수요의 원리'를 주장했어요.

그렇지만 세의 법칙이 완전히 폐기된 것은 아니었어요. 장기적으로 보면 결국 시장의 공급과 수요는 균형 수준으로 돌아오기 때문에 장기 상황에서는 여전히 유효했어요.

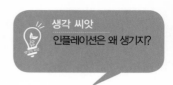
생각 씨앗
인플레이션은 왜 생기지?

**누적
과정** 크누트 빅셀

{ 스웨덴의 경제학자 크누트 빅셀은 한계 이론을 집대성했으며 화폐, 금융 이
론에서 큰 업적을 남겼어요. 그가 남긴 이자율과 통화, 인플레이션에 대한 연
구는 화폐 수량설에 탄탄한 기반을 만들어 주었지요. 또한 이후에 등장할 공
공선택 이론과 오스트리아 경제학에도 큰 영향을 미쳤을 뿐만 아니라 미시
경제학과 거시 경제학에도 영향을 주었답니다. }

열일곱 살에 스웨덴의 웁살라 대학교에 입
학한 빅셀은 2년 만에 수학과에서 첫 학위를 받
았어요. 그러고는 곧바로 대학원 과정에 입학하지
만 수학에 대한 흥미를 잃어버려서 10년이 지나도록
졸업을 못했어요. 대신에 경제학자 제번스, 발라, 마
셜의 한계 이론에 이끌려 경제 관련 글을 발표하고
강의도 하면서 늦은 나이에 경제학자가 되었어요.

빅셀은 당대 누구보다도 인플레이션에 관심을 가졌어요. 이 문제
를 위해 이자율을 자연 이자율(실질 자본 수익)과 시장 이자율(은행의
대출 이자율)로 구분했는데, 일반적인 건강한 경제 상황이라면 이 두
이자율이 균형을 이루는 상태여야 해요.

중앙은행은 통화를 발행해서 시장 이자율을 자연 이자율 아래로
끌어내릴 수 있는데, 이렇게 되면 기업 입장에서는 높은 수익을 거두

공평한 분배를
꿈   꾼

기 위해 돈을 빌려서 투자를 더 늘리지요. 좀 더 많은 상품 생산을 위해서는 노동을 포함한 생산 원료들의 확보가 필요하게 되고 이 때문에 생산 원료의 가격도 오르게 돼요.

생산 원료의 가격이 오르면 기업들은 자신들의 사업을 유지하기 위해 상품 가격을 인상하지요. 물론 생산에 참여한 노동자와 원료 공급자들은 가격 인상으로 돈을 그만큼 더 벌었기 때문에 이 가격을 받아들이게 되지요. 결국 통화 공급의 증가가 시장 이자율을 자연 이자율 아래에 위치하게 하면서 연쇄적으로 물가가 오르게 만드는 거예요. 반대의 경우도 마찬가지지요.

빅셀은 이런 두 과정을 자발적으로 계속되는 누적 과정으로 생각했어요. 균형 상태로 돌릴 수 있는 메커니즘이 없으니까요.

이런 문제 해결을 위해 빅셀은 중앙은행이 자연 이자율과 시장 이자율을 같은 수준으로 유지하도록 조정해야 한다고 주장했던 거예요. 이전까지는 시장이 모든 것을 해결해 줄 것이라고 믿은 이론들과는 차원이 달랐지요. 이 때문에 빅셀에 대해 '케인스 이전의 케인스'라는 평이 나오는 것이랍니다.

미시 경제학과 거시 경제학 : 미시 경제학은 개별적인 가구와 기업의 행동을 연구하는 반면 거시 경제학은 국가 경제와 국제 경제를 전반적으로 연구한다. 거시 경제학은 개별 단위로 구성되며 개발 단위는 거시 경제 속에서 움직여야 하므로 이 두 분야는 서로 관련이 있다.

Knut Wicksell

출생 1852년,
스웨덴 스톡홀름
업적 새로운 이자율 이론 개발, 스웨덴 경제학의 선구자
사망 1926년,
스웨덴 스톡순트

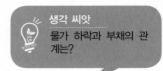

생각 씨앗
물가 하락과 부채의 관계는?

부채 디플레이션

어빙 피셔

20세기 초반의 미국 통화주의 학자인 어빙 피셔는 경제 법칙 검증을 위해 통계와 수학을 적용하는 계량 경제학의 창시자 중 한 명이에요. 주식시장에 대해 그는 '다시는 내려갈 수 없는 고원에 위치했다'고 전망했는데, 대공황이 일어나기 불과 나흘 전이었지요. 그 후 1년 만에 주식이 폭락했고, 그는 훌륭한 경제학자라고 뛰어난 투자자는 아니라는 것을 증명한 대표 사례가 되었지요.

어빙 피셔의 가장 널리 알려진 업적이라면 화폐 수량설을 MV = PT라는 간결한 공식으로 정리한 거예요. M은 경제의 화폐량, V는 화폐의 순환 속도, P는 가격 수준, T는 경제 활동의 수준을 뜻해요.

이 등식에는 화폐 순환의 속도는 다소 일정하며 경제 활동의 수준은 단기적으로 비교적 안정적이라는 가정이 밑바탕이 되어 있지요. 만약에 화폐 공급이 늘어나서 M이 증가하면 우변의 가격 P 또한 오르게 돼요. 즉, 화폐의 증가가 인플레이션을 부른다는 것을 공식으로 만든 것이지요. 이 교환 등식은 훗날 통화주의 이론의 토대가 되었어요.

그는 이런 이론을 통해 국제적인 명성을 얻었고 많은 돈을 벌 수 있었어요. 하지만 대공황 직전에 주식시장에 대한 그릇된 판단으로

공평한 분배를
꿈   꾼

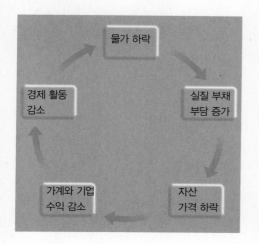

물가 하락

실질 부채
부담 증가

경제 활동
감소

가계와 기업
수익 감소

자산
가격 하락

피셔는 디플레이션이 실질 부채 부담
을 상승시키는 원리를 설명했다.

명성은 추락했지요. 그 후 그는 대공황에 대해 연구해 공황이 일어날
수 있는 경제적 메커니즘을 설명했지요.

인플레이션이 발생하면 시간이 갈수록 화폐의 가치가 떨어지므로
돈을 미래에 갚는 부채의 실질 가치는 줄어들어요. 돈의 가치가 떨어
져서 미래에 갚는 돈이 지금보다 저렴하기 때문이지요. 그와 반대로
디플레이션이 일어나면 부채의 실질적인 부담이 커져요. 부채는 화폐
로 표현되니까 물가가 떨어져서 화폐의 실질 가치가 높아지면 가정이
나 정부, 기업이 보유한 부채의 실질 가치는 커지게 되죠. 따라서 피
셔는 비용을 줄여서 부채를 갚으려고 노력하다
보면 오히려 실질적인 부담이 더 커진다는 사실
을 입증했어요. 대신 화폐 공급을 늘리면 인플
레이션이 발생해 부채–디플레이션 과정을 해결
할 수 있다고 제안했어요.

Irving Fisher
출생 1867년, 미국 뉴욕
업적 화폐 수량설을 공식
화하고 부채 디플레이션 이
론을 개발
사망 1947년, 미국 뉴욕

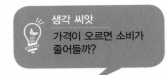

생각 씨앗
가격이 오르면 소비가
줄어들까?

후생
경제학
존 힉스

{ 존 힉스는 시장의 효율성과 그에 따른 사회 복지 수준의 측면에서 시장성과
경제를 분석하는 후생 경제학에 공헌한 바를 인정받아 노벨상을 받았지요.
뿐만 아니라 『가치와 자본』을 통해 고전 경제학과 케인스 경제학을 집대성한
업적에 대해 높은 평가를 받고 있어요. 힉스의 발자취를 걷지 않고서는 경제
학을 배울 수 없다는 말까지 있을 정도지요. }

　　　　　　　　　　1920년대 옥스포드 대학에서 공부한 힉스
는 1935년까지 런던 대학에서 재직하면서 경제
학에 몰두하기 시작했어요. 이때에 그는 고전주의
경제학과 케인스 경제학을 집대성했어요.
　　케인스의 『일반 이론』을 해석할 때 힉스는 경제
가 완전 고용에 미치지 못한 상태에서도 균형 상태
를 이룰 수 있다는 사실을 입증하는 일을 목표로 삼았어요.
　　그림에서처럼 IS 하향 곡선은 상품 시장의 균형 상태를 의미하는
반면 LM 상향 곡선은 금융 시장의 균형 상태를 의미해요. 두 곡선이
만나는 지점은 두 시장의 일반 균형을 나타내지요. 이처럼 힉스는 발
라의 일반 균형을 더 확장시켰어요. 그러나 여기서는 비자발적인 실
업이 포함되지 않았기 때문에 훗날 힉스는 IS-LM 모형을 포기할 수
밖에 없었지요.

공평한 분배를
꿈　　　꾼

힉스의 업적 중 하나가 바로 대체 탄력성의 개념을 만든 것이에요. 마셜이 탄력성의 개념을 만들면서 가격에 따른 소비의 민감도라고 정의한 바 있는데, 힉스가 만든 대체 탄력성이란 가격에 따라 한 상품을 다른 상품으로 대체하는 민감도를 말해요. 예를 들어 자장면과 짬뽕 중에서 자장면 가격이 오를 경우 얼마나 많은 사람들이 자장면 대신 짬뽕을 선택하는가에 관한 것이지요.

또 다른 그의 업적은 보상 원칙의 개념으로, 전체 상품 시장과 생산 요소, 신용, 화폐로 구성된 일반 균형 모델을 제시하고 도입한 개념이에요. 보상 원칙에 따르면 새로운 환경에서 이익을 얻은 사람이 손해를 본 사람에게 보상을 해 주고도 이익이 남는다면 사회 전체의 부가 증가한 셈이므로 바람직하다는 것이지요.

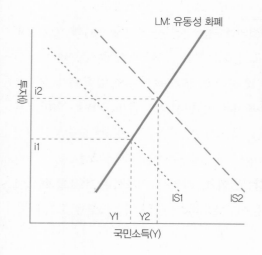

LM: 유동성 화폐

투자(i)

i2

i1

IS1   IS2

Y1   Y2

국민소득(Y)

John Hicks

출생 1904년, 영국 워릭
업적 보상 원칙, 트래버스 분석, IS-LM 모형 도입, 노벨상 수상(1972년)
사망 1989년, 영국 글로스터셔

IS-LM 모형은 투자와 저축, 그리고 화폐 유동성의 관계를 보여 준다. 투자가 증가하면 IS 곡선이 오른쪽으로 (i1:Y1에서 i2: Y2로) 움직이고 그 결과 이자율이 높아지고 경제가 확장된다.

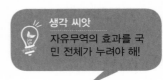

생각 씨앗
자유무역의 효과를 국
민 전체가 누려야 해!

신고전파 종합 폴 새뮤얼슨

폴 새뮤얼슨은 '현대 경제학의 아버지'라고 불릴 정도로 경제학에 큰 영향을 끼쳤어요. 그는 공공재와 외부 효과에 관한 연구로 시장의 실패와 그를 막기 위한 정부 개입의 이론적 기반을 마련했을 뿐만 아니라 비교우위에 따른 자유무역의 긍정적 효과 또한 강조했어요. 그리고 생산과 소비 이론, 후생 경제학 등 다양한 경제학 분야에 공헌했지요.

새뮤얼슨의 책 『경제 분석의 기초』와 『경제학:개론적 분석』은 경제학 교과서의 기초가 되었을 뿐만 아니라 공공 정책에 경제학이 미치는 영향을 널리 알렸어요.

새뮤얼슨의 최대 업적이라면 신고전파 경제학과 케인스 경제학을 조화롭게 묶어 냈다는 점인데, 이를 신고전파 종합이라고 해요. 신고전파 경제학은 시장의 자유로움과 자기 조절 기능을 강조했어요. 반대로 케인스 경제학은 시장의 불완전성과 정부 개입을 통해 시장이 제 기능을 하도록 조정하는 역할을 강조하지요. 이에 대해서 새뮤얼슨은 미시경제 부분에서는 신고전파의 이론을 따르되 거시경제에서는 케인스 경제학을 따르는 방식으로 접목했어요. 지금도 현대 경제학은 이와 같은 방식으로 경제를 바라보고 있답니다.

공평한 분배를
꿈   꾼

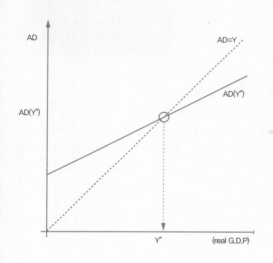

국민 소득 결정 모형은 총수요와 실질 국민 총생산의 균형점을 보여준다. 총공급이 총수요와 만나는 AD=Y 선에서 수요가 증가해 국민 총생산이 증가한다는 사실을 확인할 수 있다.

또한 새뮤얼슨은 비교 우위에 의한 자유무역은 긍정적이라고 보았어요. 다만 자유무역 상황에서 국가 전체의 후생은 늘어나지만 실질 소득이 감소하는 계층도 있다는 것을 증명했어요. 이 때문에 새뮤얼슨은 국가가 개입을 통해 자유무역으로 이익을 얻은 계층의 이익을 실질 소득의 감소를 겪은 계층과 나눔으로써 자유무역의 효과를 국민 전체가 누릴 수 있는 방향을 찾아야 한다고 주장했지요.

또한 그는 공공재와 사유재를 구분하면서 공공재의 안정적인 공급과 운영을 위해서는 국가가 개입을 통해 관리해야 한다고 주장했고, 이러한 공공재와 외부 효과의 업적 덕분에 노벨경제학상을 받을 수 있었지요.

Paul Samuelson

출생 1915년.
미국 인디애나 주 개리
업적 신고전학파와 케인스 학파의 결합 및 공공경제학의 탄생
사망 2009년 미국 벨몬트

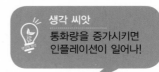

생각 씨앗
통화량을 증가시키면
인플레이션이 일어나!

자유시장 지지 밀턴 프리드먼

{ 밀턴 프리드먼은 케인스 학파가 힘을 잃어갈 때 새로운 통화 이론으로 대단한 명성을 떨쳤어요. 그는 통화주의 학파의 주역이자 자유시장의 열렬한 지지자, 그리고 경제에 대한 정부의 개입을 비판하는 주도적인 인물이었어요. 덕분에 자유주의와 시장의 조정력을 지지하는 경제학자들을 의미하는 시카고 학파의 대표 주자로 알려졌어요. }

프리드먼과 통화주의의 학자들은 그 이전까지 경기 부양으로 활용되던 케인스 학파의 재정 정책과 금융 정책이 완전 고용을 촉진시키고 인플레이션을 통제하는 데 효과가 없다고 주장했어요. 정부가 지출을 확대해서 세금으로 자금을 충당한다면 개인이 쓸 수 있는 돈인 가처분 소득이 감소하고 그 결과 소비와 저축이 줄어들며 결국 투자도 움츠려 들게 돼요. 하지만 정부가 돈을 빌려서 늘어난 지출을 충당한다면 개인 소비가 더욱 감소해 총지출을 증가시킨 효과를 전혀 거둘 수가 없지요.

통화는 실질 산출량에 영향을 미치지 못하며, 지나치게 통화량을 증가시키면 인플레이션이 일어날 것이라고 프리드먼은 믿었어요. 통화 수량설의 이론인 MV= PQ로 다시 돌아간 것인데, 이 공식의 기본 가정은 통화 유통 속도인 V와 생산량을 나타내는 Q가 크게 변하지 않는

공평한 분배를
꿈   꾼

다는 거예요. 그래서 통화량을 증가시키면 그것
이 그대로 인플레이션으로 연결되지요.

    케인스가 금융 정책과 재정 정책을 주장한
것도 바로 이 기본 가정을 무너뜨렸기 때문이에
요. 통화 유통 속도인 V가 안정적이지 않으면
통화량이 증가해도 그것이 인플레이션으로 연

Milton Friedman
출생 1912년, 미국 뉴욕
업적 통화주의 이론의 유
력한 지지자, 노벨상 수상
(1976년)
사망 2006년,
미국 샌프란시스코

결되지 않을 수 있어요. 프리드먼은 이러한 케인스의 주장을 뒤집었어
요. 통화 유통 속도가 안정적인 수준으로 이를 수 있음을 증명한 것이
지요. 따라서 프리드먼의 시대에서는 다시 한 번 통화량이 물가에 매
우 중요한 요인이 되었어요.

    프리드먼의 '자연 실업률'은 물가에 영향을 받지 않는 가장 낮은 실
업률로 중요한 개념이 되었어요. 고용을 늘리는 정책은 인플레이션을
부르는데, 실업률이 자연 실업률에 근접할 경우 인플레이션을 일으켜
도 고용이 더 이상 늘어나지 않지요. 프리드먼은 1970년대에 스태그플
레이션이 일어난 것은 완전 고용을 이루기 위해 통화 확대 정책을 채
택했기 때문이라고 비난했어요.

    프리드먼은 『선택의 자유』와 『자본주의와 자유』에서 시장이 정치적
자유와 경제 발전을 최대한 허용하고, 현대 자본주의 사회에 나타나
는 대부분의 문제에 해결책을 제시했어요. 한편 정부는 어려워진 상
황에 책임을 져야하지만 직접적인 개입은 적절치 못하다는 견해를 제
시하기도 했지만, 아쉽게도 그의 이론도 잘 맞아떨어지지 않았어요.

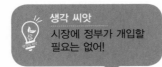

생각 씨앗
시장에 정부가 개입할
필요는 없어!

프리드리히 하이에크

> 오스트리아 경제학파의 뿌리는 카를 멩거로 거슬러 올라가지만 20세기에 이 학파를 가장 대표하는 학자는 프리드리히 아우구스투스 폰 하이에크예요. 하이에크는 20세기 중반의 사회주의와 집단 사상에 대항해 자유 민주주의와 자유시장 자본주의를 옹호한 학자로 유명하지요. 이 점 때문에 금융 위기와 부의 불균형의 원인을 제공했다는 비판 또한 받고 있지요.

하이에크는 선구적인 경제 사상가라는 평을 받으면서 루드빅 폰 미제스와 더불어 사회주의 계산 논쟁에서 오스트리아 경제학파의 입지를 굳히는 데 중대한 공헌을 했어요. 특히 1974년 하이에크의 노벨상 수상은 오스트리아 경제학파의 부활의 계기가 되었지요. 일부 신고전주의 경제학자들은 미제스와 하이에크의 가격 이론을 계획 경제에 적용할 수 있으며 자본주의 경제보다는 계획 경제에 더 효과적일지도 모른다고 주장했지요.

그러나 이 두 사람의 집단주의 체계로는 시장에 대한 완벽한 조절은 불가능하다고 했어요. 정부를 운영하는 것은 사람이고, 사람의 지식과 이성에는 한계가 있다는 것이지요.

또한 오스트리아 경제학파는 정치적으로 사회주의를 반대했어요. 하이에크를 비롯한 오스트리아 학파들이 사회주의에 대해 이와 같은 입장을 가진 것은 이들이 이론적 기반을 닦고 있을 때 구소련에서 공산주의의 위협이 사회 전체를 위협하는 수준이었기 때문이에요.

Friedrich Hayek
출생 1899년.
오스트리아 빈
업적 미제스와 더불어 오스트리아 경제학파의 지도자로 인정받음. 노벨상 수상(1974년)
사망 1992년.
독일 프라이부르크

　하이에크는 공산주의를 철저하게 분석하고 논파했어요. 사실상 공산주의의 이론적 기반은 오스트리아 경제학파에 의해 거의 끝장날 정도였지요. 그래서 이들은 시장에 대한 개입을 반대하고 자유가 지배하는 세상에 대해 꿈꿨던 것이랍니다.

　하이에크는 자유주의를 부르짖은 위대한 학자임에는 틀림없어요. 그리고 시장의 조정 기능을 강조하고 정부의 개입이 무용하다고 주장했어요. 하이에크와 오스트리아 학파의 비판점은 바로 여기에 있는데, 이들은 시장의 실패 가능성을 단 한 번도 생각하지 않았다는 것이지요. 무조건적인 정부 개입의 축소와 금융에 대한 자유화는 미국의 레이건 정부와 영국의 대처 정부에 큰 영향을 주었으며, 이들은 신자유주의의 이론적 근거를 제시했다고 인정받았어요. 이 점 때문에 금융 위기와 부의 불균형의 원인을 제공했다는 비판 또한 받고 있지요.

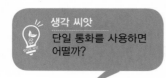

생각 씨앗
단일 통화를 사용하면
어떨까?

최적화 통화 지역 로버트 먼델

> 캐나다 출신의 로버트 먼델은 단일 통화의 이론적 토대인 '최적화 통화 지역' 패러다임의 창시자예요. 유럽 연합의 통화, 즉 유로는 먼델의 개념을 바탕으로 탄생했는데, 그래서 먼델을 '유로의 아버지'라고 부르지요. 하지만 그리스를 시작으로 남유럽 국가들의 재정 위기로 인해 유로화에 위기가 닥치자 그의 이론도 비판의 대상에 올랐지요.

먼델은 특정한 조건(노동의 자유로운 이동 가격, 임금의 유연성)이라면 특정한 지역에서 단일 통화를 사용하는 것이 더 효율적이라는 개념을 전제로 삼았어요. 그리고 유럽에 이 개념을 적용해 유럽 단일 통화의 혜택이 시행 과정에 필요한 비용보다 더 크다고 주장했지요.

여기에서 가장 중요한 것은 노동의 자유로운 이동과 임금의 유연성이에요. 실업률이 높은 국가에서 낮은 국가로 노동이 이동하면서 단일 통화를 쓰는 국가들은 실업률의 균등화를 이루는데, 이렇게 되면 실업률 때문에 물가 정책을 활용할 필요가 없으므로 물가 변동이 일정한 수준에서 움직이며 또한 물가가 안정되면 통화 정책을 쓸 필요가 없어지는 것이죠.

최적 통화 개념을 반대하는 몇 가지 의견도 있는데, 그 가운데 경

공평한 분배를
꿈   꾼

험과 역사를 근거로 삼은 의견이 많지요. 최적 통화 이론은 민족국가가 붕괴할 때 자국 통화를 소유한 새로운 국가가 탄생하지 않는다고 예측했는데, 구소련과 유고슬라비아의 경우를 예로 보면 거의 항상 이런 일이 일어났어요. 두 번째 반대 의견은 국가가 단일 통화에 가담하면 자국의 통화 주권을 포기해야 한다는 것이에요. 통화 주권을 포기하면 국내의 물가와 국제수지 조절이 어려워지니까요.

먼델은 유로의 탄생에 이론적 기반을 제공했어요. 하지만 그리스를 시작으로 남유럽 국가들의 재정 위기로 인해 유로화에 위기가 닥치자 그의 이론도 비판의 대상에 올랐지요. 먼델이 제시한 단일 통화 이론의 최대 약점은 통화 주권의 포기와 재정 정책 금지로 인해 국내 물가와 국제수지 조절이 통제 불가능하다는 점이에요. 남유럽 국가들의 재정 위기는 독일을 위시한 북유럽 국가들의 상품이 남유럽에 판매되는 구조였기 때문에 남유럽 국가들이 돈을 찍어 내지 않는 이상 국제수지 적자가 계속 누적될 수밖에 없었던 것이죠.

만약 통화 주권이 존재했다면 그만큼 자국 통화의 가치를 떨어뜨려 수입을 줄이고 수출을 늘렸을 거예요. 하지만 유로화라는 단일 통화 아래서 남유럽 국가들은 선택의 여지가 없었고 지속적인 재정 적자로 인해 위기에 빠질 수밖에 없었던 것이죠. 유럽이 비교적 노동의 이동이 자유롭긴 해도 마찰은 존재하고 임금은 결코 유연할 수 없기에 이와 같은 문제가 발생할 수밖에 없었던 것이지요.

Robert Mundell
출생 1932년,
캐나다 온타리오
업적 최적 통화와 공급 중시
경제학에 관한 이론, 노벨상
수상(1999년)

4장

케인스 학파 경제학

KEYNESIAN ECONOMICS '

Growth Theory
성장 이론

'성장'이란 1인당 실질 소득이나 인구 규모를 기준으로 상품과 서비스의 총 생산량이 증가하는 현상을 의미해요. 경제의 규모가 더 커지는 것만 성장은 아니에요. 성장은 균형을 깨뜨리기도 해요. 경제적 변화나 중대한 사회적 변화가 일어나면서 조직이나 기술을 체계적으로 변화시키는 것이지요. 최근 들어서는 '지속 가능한 개발'이라는 용어가 등장했지요.

애덤 스미스, 데이비드 리카도, 카를 마르크스의 고전주의 이론은 본질적으로 성장, 혹은 자본 축적 이론이에요. 그들은 경제 확장의 원인과 결과 그리고 그 지속성의 조건에 모두 관심을 기울였어요. 고전주의 이론에서는 성장이 보장되기는커녕 오히려 정반대였지요. '음울한 학문'이라는 용어가 쓰인 것도 고전주의 학자들 대부분이 자본주의의 미래를 쇠퇴하거나 정체하는 상태로 보았기 때문이에요.

초기 신고전주의 경제학은 특정한 산출량의 분배에 관심을 기울였기 때문에 성장을 주된 주제로 삼지 않았어요. 물론 훗날 알게 모르게 고전주의의 주제를 그대로 되풀이하면서 신고전주의 성장 이론이 발전하고 오늘날까지 계속되었지만 말이에요.

슘페터와 케인스에 이르러 성장에 대한 관심이 되살아났는데, 케인스는 총 수요의 수준이 산출과 고용 수준에 따라 결정된다는 개념을 제시했지요. 슘페터는 혁신과 기술 변화, 그리고 기업가 정신 같은 문제를 성장 과정 분석에 포함시켰지요.

성장 이론은 외인성과 내인성 성장으로 구분해요. 외인성이란 경제 체계 밖에서 시작되는 요인들을 뜻하는데, 고전주의 이론은 대부분 외인성 이론이에요. 이를테면 경쟁이 기술 변화를 일으킨다고 말한 마르크스의 이론과 같은 것이지요. 신고전주의의 내인성 성장 모형은 20세기 후반에 등장했는데 흔히 애덤 스미스의 연구에서 발견할 수 있는 '새로운' 개념을 주장했어요.

최근 들어서는 연구의 초점이 성장의 이론에서 성장의 종류로 옮겨 가면서 미래의 경제 활동을 위한 생태학적 토대를 보존하는 경제 발전이라는 의미로 '지속 가능한 개발'이라는 용어가 등장했지요. 그 결과 천연 자원 사용의 비율과 지구 온난화를 비롯한 여러 가지 오염 문제가 성장 연구에 포함되었어요.

재미있는 것은 행복에 관한 연구를 통해 성장한다고 해서 사람들이 더 행복해지는 것은 아니라는 사실이 밝혀졌고 그에 따라 여러 가지 중요한 문제와 걱정거리가 나타났어요. 사람이 빵으로 만 살 수 있는 것은 아니지만, 경제는 생계 유지라 는 기본적인 전제 조건을 무시할 수는 없어요.

존 스튜어트 밀은 『경제학 및 과세의 원리』에서 현대 산업 사회가 추가 성장을 포기하고 분배에 초점을 맞추어 야 한다고 주장했어요.

밀의 뒤를 이어 현대 생태학적 경제학자들이 '제로 성장' 혹은 '정상 상태' 경제를 지지하고 있지요.

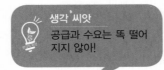

유효 수요 원칙 존 메이너드 케인스

> 존 메이너드 케인스는 역사상 가장 중요하고 영향력 있는 경제학자이
> 자 거시경제학을 창시한 사람으로 평가받고 있어요. 그는 『평화의 경제
> 적 귀결』이라는 책을 통해서 제1차 세계 대전 이후 독일에 물린 과도한
> 배상금 부담에 대해 비판하며 경제적인 안정이 평화를 가져올 수 있다
> 고 말했어요.

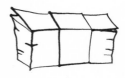

제1차 세계 대전이 끝나고 승전국인 연합국
들은 패전국인 독일이 다시는 전쟁을 일으키
지 못하게 과도한 전쟁 배상금을 물렸어요. 이
를 두고 대부분이 '독일이 응당히 받아야 할 대
가를 치렀다' 고 생각했지만, 케인스는 『평화의 경제적 귀결』이란 책을
통해 이를 비판했어요. 만약 우리가 의도적으로 중부 유럽의 빈곤화
를 목표로 한다면, 예언하건대 곧이어 보복이 찾아올 것이라는 내용
이었어요. 그리고 이러한 케인스의 예언은 독일 바이마르 공화국이 경
제 붕괴로 몰락하고 나치가 장악하면서 실현되었지요. 케인스는 또한
이 책에서 자유방임주의는 이미 끝났다고 선언했어요. 세상이 자유방
임주의대로 완벽하게 흘러가지 않았기 때문이지요.

케인스는 대공황의 원인으로 유효 수요의 부족을 지적했어요. 우
리는 소득을 얻으면 그것을 한 번에 다 써버리는 것이 아니라, 일부

는 저축을 하고 일부를 소비하지요. 이렇게 저축된 돈은 다시 기업들이 투자로 활용하면서 결국 이 전체 소득은 다 소비된다는 것이 고전주의의 이론이에요.

케인스는 이런 저축-투자 관계에 대해 다른 견해를 제시했어요. 금리는 기업들의 투자 결정에 큰 영향을 끼치지 못한다는 것이죠. 기업들의 투자 결정은 금리가 높고 낮음이 아니라 기업들이 생각하는 미래에 대한 전망에 달렸다는 것이었어요. 만약 미래 전망이 아주 좋다면 금리가 높아도 투자를 하겠지만 전망이 나쁘다면 아무리 금리가 낮아도 돈을 쓰지 않는다는 거죠.

고전주의 경제학에 따르면 자발적인 실업만 존재한다고 했어요. 실업자가 생기는 것은 순전히 그들의 선택으로, 임금 수준이 맞지 않아서 높은 임금을 기다린다는 것이지요. 이에 대해 케인스는 비자발적 실업도 존재한다고 주장했어요. 산업의 변화 등으로 인해 일자리가 나지 않아 원하지 않는 실업이 발생한다는 것이지요. 이러한 비자발적 실업 또한 유효 수요의 부족으로 발생하는 것이에요. 따라서 정부가 시장에 개입하여 유효 수요를 창출시켜 정상 상태로 복원되도록 해야 한다는 것이 케인스의 생각이었지요. 줄어든 수요만큼을 정부가 소비해야 하는 것이죠. 케인스는 '장기에는 우리 모두 죽는다'는 유명한 한마디를 남기죠.

결국 케인스의 이론은 각국 정책에 활용되었을 뿐만 아니라 거시경제학의 기초가 되었어요.

John Maynard Keynes

출생 1883년,
영국 케임브리지
업적 현대 거시경제학 이론
과 정책의 케인스 혁명
사망 1946년, 영국 서식스

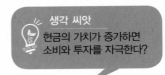
**신고전파
종합 이론**

돈 파틴킨

> 1976년 이스라엘 경제학회 회장을 지낸 미국 출신의 이스라엘 경제학자 돈
> 파틴킨은 전후 시대 화폐 이론에 많은 공헌을 했어요. 그중에서도 특히 '신고
> 전주의 케인스 대통합 이론'은 가장 유명하지요. 이는 현금의 실질가치가 일
> 정 이상으로 변하면 상품의 생산 등에 영향을 끼쳐서 다시 균형 상태로 돌
> 아온다는 개념이지요.

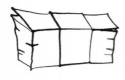
신고전파 종합 이론은 임금, 물가, 이자율이
변동하면 경제가 결국 완전 고용을 향한다는
핵심 전제에 케인스의 거시경제학적 개념을 통
합한 이론이에요.

다시 말해 미시경제에서는 신고전파의 이론을, 거시경제는 케인스
이론을 접목한 것이지요. 파틴킨은 케인스 학파와 신고전주의의 이론
이 양립할 수 있다고 설명했지만 정책 면에서는 케인스의 재정적 도구
로 시장의 자기 조정을 가속화하는 것을 지지했어요.

파틴킨의 주장은 현금 잔고의 실질 가치가 변화함으로써 생산과
고용을 자극할 수 있다는 실질 잔고 효과였어요. 현금의 실질가치가
일정 이상으로 변하면 상품의 생산 등에 영향을 끼쳐서 다시 균형 상
태로 돌아온다는 개념이지요.

파틴킨은 직접 실질 잔고 효과에 관해서 현금의 가치가 증가하면

소비와 투자를 자극한다고 주장했어요. 돈의 가치가 높아지면서 자산의 가치도 증가하기 때문에 소비자와 투자가가 더 부유해졌다고 느끼는 거예요. 그러면 생산과 고용이 증가해 완전 고용 상태를 향하는 조정이 시작되죠. 인플레이션의 경우에도 마찬가지지요.

간접 실질 잔고 효과는 실질 잔고 가치가 증가하면 이자율이 낮아지기 때문에 소비와 투자가 활발해지는데, 물가가 떨어지면 거래에 필요한 돈의 액수가 적어지므로 투자 목적으로 이용할 수 있는 현금이 많아져요. 이로 인해 소비와 투자가 상승하고 생산과 고용이 증가해 완전 고용 상태에 가까워지는 것이죠.

파틴킨은 『화폐, 이자, 그리고 물가 : 화폐 이론과 가치 이론의 통합』에서 자신의 여러 개념을 제시했어요. 그는 케인스의 이론을 전통적인 접근 방식과 합쳐 통합 이론을 만들었어요.

Don Patinkin

출생 1922년 미국 시카고
업적 화폐 이론, 특히 신고 전주의 통합 이론에 중대한 공헌을 함
사망 1995년, 이스라엘 예루살렘

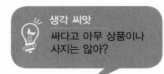
생각 씨앗
싸다고 아무 상품이나
사지는 않아?

불완전
경쟁 이론

조앤 로빈슨

조앤 로빈슨은 이론뿐인 경제학에 회의를 갖고 당대의 주류 경제학이었던 마셜의 경제 이론을 비판했어요. 마셜의 경제 이론에는 독점과 완전 경쟁이 존재하는데, 로빈슨은 그보다 일반적인 불완전 경쟁을 연구했고 이 부분에서 큰 업적을 남겼어요. 그 때문에 매년 노벨 경제학상 후보로 올랐지만 안타깝게도 수상하지는 못했답니다.

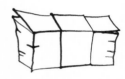
로빈슨은 전통적인 경제 이론을 비판하고, 경제 문제의 정치적 측면과 해결책에 관심이 기울였어요. 로빈스의 비판적인 태도는 『불완전 경쟁의 경제학』에 잘 나타나 있어요. 그녀는 시장의 구조를 분석하고 세상에는 같은 종류지만 각각 다른 제품을 생산하는 다양한 규모의 회사들이 존재한다는 결론을 얻었어요. 또한 이러한 시장은 완전 경쟁에 비해 가격과 비용 면에서 균형이 이루어진다고 주장했어요. 가격 차이가 있어도 소비자들은 자기 취향에 맞게 사용하는 제품과 시장을 계속 이용하려 하기 때문에 소비자의 선호도를 결정하는 핵심 요소는 제품의 차별화라는 것이었지요.

로빈슨은 자본 측정 방식에서도 중대한 논란을 일으켰어요. 예를 들어 오렌지와 사과를 단순히 같은 단위로 측정하기 어려운 것처럼 단위가 다양한 자본을 형식적인 경제 분석으로 통합하기는 어렵다고

공평한 분배를
꿈   꾼

주장했던 것이지요. 이 주장은 1960~1970년대 '케임브리지-케임브리지 자본 논쟁'으로 발전해 자본과 성장 이론에 중대한 공헌을 했어요.

　　로빈슨은 경제 분석은 역사적인 맥락 속에서 실시되어야 하며 그렇지 않으면 경제 이론과 실제 경험이 일치하지 않는다고 주장했어요. 그래서 근본적인 불확실성에 관한 케인스의 개념, 투자 결정에 기대가 미치는 영향, 그리고 경제 성장에 투자와 총 수요가 담당하는 역할

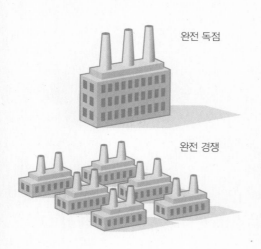

완전 독점

완전 경쟁

완전 독점이 형성되려면 한 제품의 공급자가 하나뿐이어야 하며 완전 경쟁이 이루어지려면 동일한 제품을 생산하는 공급자가 무수히 많아야 한다. 실제 세계에서는 모두 보기 드문 상태다.

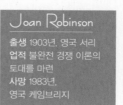

Joan Robinson
출생 1903년. 영국 서리
업적 불완전 경쟁 이론의
토대를 마련
사망 1983년.
영국 케임브리지

을 자세히 연구했지요. 그 결과 실업은 일시적인 부적응이 아니라 자본주의의 일반적인 특성이며 따라서 완전 고용을 달성하려면 정부의 개입이 필요하다고 주장했어요.

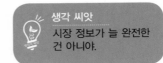

생각 씨앗

시장 정보가 늘 완전한
건 아니야.

신 케인스 학파 　조지프 E. 스티글리츠

> 존 메이너드 케인스는 경제 체계가 정상적으로 작동할 때 비자발적인 실업
> 이 발생한다는 사실을 입증했어요. 이후에 조지프 E. 스티글리츠는 균형 체
> 계를 출발점으로 삼아 완전 경쟁의 여러 가지 가정 가운데 한 가지가 완화
> 될 경우 결과가 어떻게 변할지 살펴본 학자예요. 이에 대한 공로로 노벨상
> 을 수상했어요.

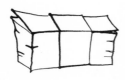

조지프 E. 스티글리츠가 2001년 노벨상을
수상하는 계기가 되었던 『정보 경제학』은 정보
의 균일성을 부정하고 불완전 정보일 때의 시장
과 경제를 다룬 내용이에요. 고전 경제학은 시
장의 완전성을 주장하였고 정보 또한 모두가 알고 공유하는 것이라
가정했지만, 사실 시장에서 정보란 한쪽이 더 많이 가지고 있고 다른
쪽은 별로 가지고 있지 못한 경우가 훨씬 많아요.

스티글리츠는 보험 회사를 예로 들면서 정보의 불완전성을 주장
했어요. 가입자가 자기 자신에 대한 정보를 고의적으로 숨긴다면 보험
회사는 많은 보험금을 그냥 내어 줄 수밖에 없게 되는데, 이것이 시장
을 왜곡하게 한다는 것이지요.

스티글리츠는 이러한 문제 해소를 위해 심사를 제안했어요. 효과
적인 인센티브와 패널티를 통해 정보를 추출하고 심사를 통해 정보의

공평한 분배를
꿈　　꾼

균형을 이룰 때에 왜곡되지 않은 거래가 가능하다는 것이지요.

그는 이러한 연구를 통해 모럴 해저드(Moral Hazard)와 역선택(Adverse Select)의 개념도 만들었어요. 자동차 보험을 예로 들자면 보험에 가입한 운전자는 사고가 나도 금전적 손실에 대한 대비가 어느 정도 있기 때문에 전보다 부주의해지게 되는데, 이러한 것을 모럴 해저드라고 해요. 소비자가 중고차를 구입할 때 딜러는 겉만 멀쩡하고 엔진이 좋지 않은 차를 속이고 팔 수도 있는데, 이처럼 소비자가 본의 아니게 좋지 않은 차를 사게 되는 것을 역선택이라고 해요.

스티글리츠는 불완전 정보를 분석하여 수많은 종류의 시장 결함과 관련된 사례를 확인하였기 때문에 고전 경제학에서 가정하는 완전한 시장은 정보가 완전한 상태에서만 가능하다고 했어요. 따라서 완전한 시장이란 존재하지 않는다는 것이 그의 주장이었지요.

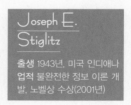

Joseph E.
Stiglitz
출생 1943년, 미국 인디애나
업적 불완전한 정보 이론 개
발, 노벨상 수상(2001년)

Uncertainty, Risk, and Information
불확실성, 위험 그리고 정보

케인스 학파가 등장하기 이전의 경제학은 경제적 상황으로 인해 소비자와
투자가, 정책 결정자가 직면하는 불확실성을 고려하지 않았어요. 경제적 불
확실성과 그로 인한 문제를 제기하고 불확실성과 위험의 중대한 차이를 설
명한 사람은 케인스와 시카고의 경제학자 프랭크 나이트예요.

얻을 수 있는 정보를 토대로 미래에 특정한 사건이 일어날 통계학적
가능성을 계산하며 내리는 모든 결정을 '위험'이라고 하지요. 만약에 그
런 정보를 구할 수 없는 경우라면 위험이라는 표현은 적절치 않아요. 이
런 경우 정책 결정자들은 불확실한 상황에 처했다고 말해요. 케인스가
남긴 유명한 말처럼 '그냥 모르는 것'이죠.

위험하다고 말하는 상황에서조차 행동할 것인지 혹은 행동하지 않을
것인지를 결정하는 일은 '불리함을 극복'할 것이라는 정책 결정자의 확신
이 얼마나 강한지에 따라 달라져요. 케인스는 순전히 냉철한 계산만을 토
대로 투자하는 일은 그리 많지 않다고 믿었어요. 투자가들은 오히려 '야
성적 충동'에 이끌리며 그것에 따라 행동했지요.

신고전주의 경제학자들은 불확실성보다는 '불완전한 정보'에 대해 연
구했어요. 불완전 정보의 유명한 예로 게임 이론의 기본 모형인 '죄수의
딜레마'가 있어요.

예를 들어 두 명의 사건 용의자가 체포되어 서로 다른 취조실에서 격

리되어 심문을 받고 있어요. 이들은 자백여부에 따라 다음과 같은 선택이 가능해요.

둘 중 하나가 배신하여 죄를 자백하면 자백한 사람은 즉시 풀어주고 나머지 한 명이 10년을 복역해야 한다.

둘 모두 서로를 배신하여 죄를 자백하면 둘 모두 5년을 복역한다.

둘 모두 죄를 자백하지 않으면 둘 모두 6개월을 복역한다.

이런 경우라면 아무도 자백하지 않는 것이 가장 좋은 해결책이겠지만 두 사람에게는 자백해야 할 동기가 생겼으며 자백을 하는 게 상대방의 모든 선택에서 우선하게 되지요. 만일 상대방이 자백하면 자백한 사람은 5년형을 선고받지만 자백하지 않은 사람은 10년형을 받게 되고 상대방이 자백하지 않는다면 자백한 사람은 풀려나게 돼요. 이런 결과를 '차선 균형'이라고 부르며 여러 가지 경제적 상황에도 적용된답니다.

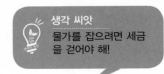

생각 씨앗

물가를 잡으려면 세금을 걷어야 해!

기능적 재정 아바 러너

{ 아바 러너는 50년 동안 경제학을 연구하면서 미시경제학과 거시경제학, 신고전주의, 케인스 학파의 이론과 정책 분야를 넘나들었어요. 그는 시장에 대한 믿음을 잃지 않았고 민주적인 사회주의를 위해 헌신했지요. 그는 경제 체계를 올바른 길로 '조정'하기 위해 자동차 운전을 비유해서 정부가 개입하는 일을 정당화하고 옹호했지요. }

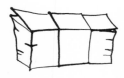

러너가 남긴 불후의 공헌은 '기능적 재정'이에요. 그는 자유방임적인 입장을 '경제의 운전대'를 잡지 않겠다는 뜻으로 해석했어요. 경제 체계를 올바른 길로 '조정'하기 위해 자동차 운전을 비유해서 정부가 개입하는 일을 정당화하고 옹호했지요.

러너는 정부가 재정과 금융에 관여할 수 있는 권위를 활용해 완전 고용 수준으로 총 유효 수요를 유지하고, 인플레이션을 예방하고, 가장 적절한 양의 투자에 필요한 수준으로 이자율을 유지하도록 권장했어요.

그는 『화폐는 국가의 창조물』이라는 책에서 기능적 재정의 가능성과 효과를 이해하는 핵심 개념을 제공했어요. 그러나 러너의 이론은 수많은 반대에 부딪혔어요. 기능적 재정은 경제에 미치는 영향을 토대로 경제 정책을 판단할 뿐, 건전함과 불건전함을 판단하는 원칙이 있

공평한 분배를
꿈   꾼

다는 개념은 인정하지 않지요.

또한 러너는 '업사이드다운 경제'라는 단어를 만들었는데, 이는 전통적인 경제 원칙이 적용되지 않는 경제라는 의미예요. 그는 실업이 발생하면서부터 비효율성이 시작된다고 지적했어요. 예컨대 저축이 증가하면 지출이 감소하므로 경제가 둔화될 수 있으며, 기술 효율성이 높아지면 실업이 증가하지요.

Abba Lerner

출생 1903년,
루마니아 베사라비아
업적 제3의 길(The Third Way)이라고 알려진 시장 사회주의 이론 개발
사망 1992년, 미국 플로리다

러너는 처음에는 수요 측면의 인플레이션을 연구하며 이를 통제할 수 있는 수단은 과세라고 생각했어요. 하지만 이후 그의 관심은 공급 측면, 즉 비용 상승 인플레이션으로 옮겨갔지요. 그는 완전 고용 수준이 아니라 이보다 훨씬 앞선 시점에 인플레이션이 일어난다는 사실을 발견하고 '낮은 완전 고용'과 '높은 완전 고용'이라는 용어를 도입했어요. 이는 물가 안정 실업률(Non-Accelerating Inflation Rate of Unemployment, NAIRU)이라는 개념의 토대가 되었지요.

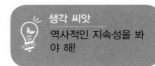

생각 씨앗
역사적인 지속성을 봐
야 해!

누적 인과 관계와
내인성 통화

니콜라스 칼도어

> 헝가리 경제학자 니콜라스 칼도어는 런던 경제 대학과 케임브리지에서 공부
> 한 이후 당대 최고의 경제학자로 손꼽히게 되었어요. 칼도어는 다양한 이론
> 과 정책을 연구해 미시경제학과 거시경제학 분야에 큰 공헌을 했으며, 특히
> 통화 이론과 복지 분야에서 많은 활약을 했지요. 그는 균형보다는 역학과 역
> 사적인 지속성을 강조했어요.

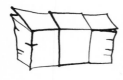

칼도어는 통화주의를 맹렬히 반대했어요.
훗날에는 누적 인과 관계에 토대를 둔 불확정
적인 동적 조정과 경로 의존적인 체계를 지지했
지요. 그는 이 체계를 세계 자본주의 경제를 분

석하는 새로운 도구로 제시했어요.

칼도어는 『통화주의의 재앙』에서 통화 공급의 수요는 중앙은행에
서 조정하고 시장에서 결정되어야 한다는 견해를 내놓았어요. 차용을
증가시킨다고 해서 중앙은행의 초과 준비금이 자동으로 형성되는 것
은 아니에요. 반대로 초과 준비금이 부족하다고 해서 금융 기관의 대
출 금액을 제한하는 것도 아니지요.

칼도어는 경제 분석에서 확정적 균형 결과라는 개념의 대안으로
누적적인 인과 관계 혹은 경제 체계의 역사적 경로 의존성을 강조했
어요. 균형 상태가 미리 결정되는 일은 일어날 가능성이 적었지요. 최

종 결과는 경제 구조에서 먼저 일어난 조정 과정에 따라 달라지니까요. 따라서 동적 조정 과정에서 나타날 수 있는 결과는 무척 다양해질 수 있어요. 어떤 형태든 결과는 그 이전에 일어난 일련의 조정 과정에 따라 달라지곤 하지요. 뿐만 아니라 어떤 경제 구조의 역학에 따라 최종 결과가 끊임없이 변화했어요. 따라서 최종 결과는 균형 상태에 이르는 것이 아니라 연속적으로 불균형 상태가 일어나 조정 과정이 진행되는 것이지요. 칼도어는 균형보다는 역학과 역사적인 지속성을 강조했어요. 그래서 칼도어의 경제학은 균형 상태가 없는 경제학이라고 일컬어지지요.

칼도어가 제시한 누적 인과 관계의 핵심은 긍정적인 피드백이었어요. 특히 제조 분야에서는 수익이 증가하면 생산성이 증가하고 그 결과 세계 시장 경쟁에서 성공을 거두게 되지요. 반면 수요가 저조하면 생산성이 증가하지 않고 경쟁에서 패배하게 됩니다. 칼도어는 이 모형을 이용해 '양극화 명제'를 설명했어요. 양극화란 발전하는 산업 경제와 부진한 저개발 경제로 세계를 구분하는 현상을 말하지요.

그는 영국 노동당의 자문과 전 세계 여러 정부와 중앙은행의 자문으로 활약했으며 국제연합에서 일하기도 했어요. 그리고 후기 케인스 학파의 중요한 인물로 인정받는답니다.

Nicholas Kaldor

출생 1908년,
헝가리 부다페스트
업적 통화 이론과 복지 경제
에 중대한 공헌을 함
사망 1986년,
영국 케임브리지서

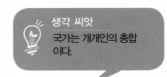
공공선택 제임스 뷰캐넌

제임스 뷰캐넌은 도덕 철학에 뿌리를 두었던 경제(정치경제)의 근본을 중요하게 여겼어요. 또 공공 선택 이론의 아버지로 알려져 있어요. 이 이론은 자신의 이익을 추구하는 개인은 경제 영역뿐만 아니라 공공 분야에서도 이성적으로 행동하므로 그와 같은 방식으로 공공 분야를 이해하면 정치학과 정책에 관한 통찰력을 얻을 수 있다는 견해를 전제로 삼았지요.

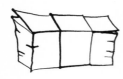

케인스 경제학이 큰 영향력을 발휘하며 제2차 세계 대전 이후 정책의 토대를 형성할 무렵 뷰캐넌은 방법론적인 문제를 포함해 수많은 기본적인 문제를 비판했어요.

그는 국가를 하나의 유기체가 아닌 개개인의 총합이라고 생각했어요. 케인스의 거시경제학은 국가의 개입을 선량하고 뛰어난 시각으로 보았기 때문에 개인은 각각의 이기심으로 이익을 추구한다는 뷰캐넌의 방법론적 개인주의에는 맞지가 않았지요.

국가를 개인의 합으로 보게 되면 국가를 움직이고 운영하는 개개인들도 각자의 이익을 위해 움직일 것이기 때문에, 뷰캐넌은 정부의 예산 부족과 국가 부채에 대한 논의를 시작하는 일에 초점을 맞추었어요.

정부 예산 수립에 대한 그의 이론은 적자와 부채에 대한 '적자 강

공평한 분배를
꿈   꾼

경론'과 일치했어요.

뷰캐넌은 정부가 재정 확대 정책으로 적자가 늘어나고 그 적자를 메우기 위해 차용을 하면 돈을 빌릴 자금을 놓고 민간 분야와 경쟁한다는 의미이므로 개인 소비가 밀려나고 이자율이 높아진다고 생각했어요. 그러면 후세대가 국가 부채를 떠맡게 되므로 예산의 균형을 맞추려면 헌법을 개정해야 한다고 그는 줄곧 주장했지요.

뷰캐넌은 도덕 철학에 뿌리를 두었던 경제(정치경제)의 근본을 중요하게 여겼어요. 또한 애덤 스미스와 마찬가지로 경제적 교환, 여러 경제적 요인의 상호 이익을 충족시키는 데 필요한 법적, 제도적 환경을 강조하고, 이를 위해서는 어떠한 경제적 인센티브가 필요한지, 왜 규칙이 지켜지지 않는지를 경제적으로 분석했어요.

James Buchanan
출생 1919년, 미국 테네시
업적 공공 선택 이론, 노벨
상 수상(1986년)
사망 2013년
미국 블랙스버그

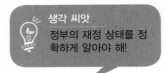
**재정
정책** 로버트 아이스너

로버트 아이스너는 국민 소득 회계 방법을 개선해야 한다고 제안했을 뿐만
아니라 재정 정책과 통화 정책, 투자 분야에 큰 공헌을 한 인물이에요. 『경제
현상의 두 얼굴』을 비롯해 다양한 저작들을 남겼어요. 그는 인플레이션이 부
채의 실질 가치를 감소시키기 때문에 인플레이션의 결과를 반영하는 방식으
로 정부 회계를 수정해야 한다고 제안했어요.

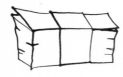

아이스너는 연방 정부의 적자가 중요한 근
본적인 이유는 그것이 개인 소비에 영향을 미
치기 때문이라고 생각했어요. 연방 정부의 적자
는 민간 분야의 흑자를 의미해요. 정부가 쓴 돈
이 민간으로 가게 되므로 연방 정부의 적자가 줄어들면 민간 분야의
지출 또한 줄어드는 것이죠. 그러나 아이스너는 적자 때문에 이자율
이 높아지거나 인플레이션이 일어난다는 주장을 뒷받침할 논리적인
근거는 없다고 생각했어요. 정부의 지출이 민간의 소비를 구축한다는
신고전파의 시각과는 달랐지요.

연방 정부의 적자가 커지고 국가 부채가 늘어나는 것은 유효 수요
부족으로 인한 경제 불황 회복에 도움이 되지만, 경제 구조가 이미 완
전 고용 상태에 이르러 잠재 성장률을 달성하게 된다면 총 수요가 증
가할 때 인플레이션이 발생하게 돼요.

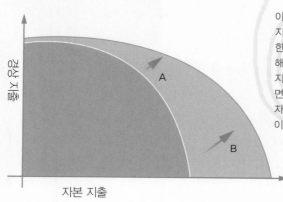

경상 지출

A

B

자본 지출

아이스너는 국민 소득 회계 방법에도 여러 가지 공헌을 했어요. 그 중에는 인플레이션이 부채의 실질 가치를 감소시키기 때문에 인플레이션의 결과를 반영하는 방식으로 정부 회계를 수정해야 한다는 제안도 포함되어 있지요.

그는 부채 규모에 주목하기보다는 이를 국내 총생산 GDP의 비율로 간주하라고 제안했어요. 뿐만 아니라 부채를 갚을 능력은 재산과 소득에 따라 달라지므로 GDP가 높은 경제 구조는 예산 적자와 국가 부채가 많아도 감당할 수 있다고 주장했어요.

Robert Eisner

출생 1922년, 미국 브루클린
업적 재정 정책, 특히 국민 소득 회계에 큰 공헌을 함
사망 1998년, 미국 시카고

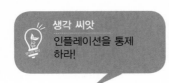
중앙 금융 앨런 그린스펀

> 앨런 그린스펀은 1987년부터 2006년까지 미국 연방 준비제도 이사회(Fe
> deral Reserve Board, 일명 '연준 Fed') 의장을 네 번이나 지내며 미국의
> 호황과 경제 안정을 이끌어내 '경제 대통령'이라는 별명을 얻었어요. 이 직
> 책을 맡기 전에는 1974년부터 1977년까지 제럴드 포드 행정부의 대통령 경
> 제 자문 위원회 회장으로 활약했지요.

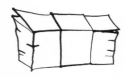

그린스펀이 연방 준비제도 이사회의 의장직
을 맡은 지 얼마 지나지 않은 1987년 10월 19
일, 이날 하루 동안에만 주식시장의 22%가 폭
락하는 사태가 일어났어요. 흔히 이날을 '검은
월요일'라고 부르지요. 다우존스 산업 평균 지수가 하루에 떨어진 주
가로는 역사상 두 번째로 큰 수치였어요. 그린스펀은 이 검은 월요일
에 대해 다음과 같은 성명문을 발표했어요. '연준(Fed)은 필요한 모든
유동 자금을 제공할 준비가 되어 있다.' 이 발표로 말미암아 시장은 안
정을 찾게 되며 주가 폭락은 빠른 속도로 회복되었지요.

그린스펀이 연준을 지휘하던 시절 가장 큰 논란을 일으켰던 사건
은 경제의 우선순위를 바꾼 일이었어요. 인플레이션은 '공공의 적 1호'
가 되었으며 국가 정책의 목표로써 완전 고용의 중요성은 상대적으로
줄어들었지요. 이 때문에 그린스펀은 인플레이션을 통제하기 위한 수

단으로 실업을 이용했다는 비난을 받았어요. 인플레이션과 실업은 서로 반비례 관계에 있기 때문에 인플레이션이 고개를 들 때면 그린스펀은 경제를 둔화시키기 위해 이자율을 높였고, 그 결과 실업이 늘어나고 경기는 침체되었지요.

1996년 '이상과열'이라고 인터뷰를 한 그때에도 그린스펀은 아무런 대책을 취하지 않았기에 결국 IT 버블을 발생시켰고, 그 이후 급락한 이자율로 인해 주택 시장의 버블을 만들었어요. 그로 인해 경제 위기를 몰고 온 장본인이라는 비난의 대상이 되었지요.

그렇지만 한편으로는 자산 가격이 상승하면서 이해관계에 얽힌 사람들이 많았기에 연준 의장으로서의 발언이 그들에게 피해를 줄 수 있었고, 이것은 그린스펀으로서도 억제하기가 쉽지 않았을 것이라는 옹호론도 있어요.

Allen Greenspan
출생 1926년, 미국 뉴욕
업적 통화 정책에 영향을 미치는 한편 자유방임 자본주의를 지지

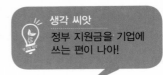
노동 시장 에드먼드 펠프스

{ 대공황이 한창일 때 에드먼드 펠프스는 예일 대학교에 있었어요. 1971년부터
컬럼비아 대학교 교수로 강의를 했고 1982년에는 정치경제학 맥비커 교수로
임명되었지요. 자연 실업률, 통계적 차별 이론, 그리고 정책 분석 분야에서는
임금 보조금에 관한 작품이 가장 널리 알려져 있지요. }

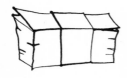

펠프스는 다양한 분야에 공헌했는데 실업,
물가 안정, 통화 이론, 기대, 노동 시장의 역
학 등 대부분 '미시-거시' 접근 방식을 채택했
어요. 그중에서도 자연 실업률, 통계적 차별 이
론, 그리고 정책 분석 분야에서는 임금 보조금에 관한 이론이 가장
널리 알려져 있지요.

펠프스는 또한 이성적 기대 이론과 통화 정책 규칙, 이를테면 각
국 중앙은행에서 현재 유행처럼 적용하고 있는 테일러 준칙(Taylor rule
물가 상승률과 경제 성장률을 고려하여 금리를 조정하는 방식)과 같은 정
책을 비난했어요.

통계적 차별 이론은 경쟁과 차별은 장기적으로 공존할 수 없다는
개리 베커의 차별 모형 경제에 대한 대응책으로 등장했어요. 이 이론
은 인종과 성별에 따른 경제적 불평등이 차별이 아닌 다른 요인, 즉

공평한 분배를
꿈   꾼

인력 자본 접근 방식에서처럼 생산성의 차이에서 비롯된 것으로 여기거나 완전 경쟁의 가정을 버리고 불완전 경쟁 모형에 의존했지요. 펠프스 같은 통계적 차별 이론주의자들은 후자의 경로를 택했어요.

1997년에 발표한 『중산층이 살아야 나라가 산다』에서 그는 고용을 증진시키고 노동자들의 임금을 증가시키려면 정부가 기업에 임금 보조금을 지급해야 한다고 제안했어요. 생산성만 고려하면 일부 노동자들이 받을 수 있는 임금은 많지 않으며 기업은 생산성에 맞는 수준의 임금만 지급할 수 있지요. 이 경우 노동자들은 그렇게 적은 임금을 받고 일하기보다는 정부의 수당을 받는 편을 택할 거예요.

만일 정부가 개입해서 임금을 높이도록 보조금을 제공한다면 더 많은 노동자들을 모을 수 있고, 그들은 사회 복지 혜택에 의존하지 않겠지요. 그러면 고용이 증가하고 정부 지원금에 대한 의존도도 낮아질 거예요. 펠프스는 이러한 계획을 실시하는 데 드는 비용을 계산해 보고, 높은 소득과 고용의 장점을 고려했을 때 충분히 실행할 수 있다고 결론을 내렸어요.

Edmund S.
Phelps
출생 1933년, 미국 일리노이
업적 경제 성장률 이론 개
발, 노벨상 수상(2006년)

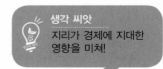

폴 크루그먼

경제
지리학

폴 크루그먼은 '뉴욕 타임스'의 칼럼니스트로 유명해요. 크루그먼은 1995년 당시 기고를 통해 동아시아의 고정 환율을 비판했으며 동아시아 국가들의 엄청난 성장이 기적이 아니라 생산 요소의 극대화에 따른 것임을 지적했어요. 2008년에는 노벨상 수상자로 선정되는 영광을 누리기도 했지요. 그는 이 시대에 가장 영향력 있는 경제학자로서 지금도 활발히 중이에요.

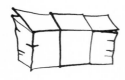

크루그먼은 주로 국제 무역 양상을 증명하는 데 많은 공헌을 했어요. 크루그먼 이전의 국제 경제학은 헥셔-올린(H-O) 모형으로 알려진 전통적인 무역 이론을 따르고 있었어요. 크루그먼은 딕시트-스티글리츠(D-S) 모형을 적용하여 어떻게 수확 체증과 일반 균형이 공존할 수 있는지를 보여 주었어요.

크루그먼은 일반적인 경제에서는 소수의 대형 회사들이 시장을 차지하고 있으므로 같은 비율의 투입량에 비해 높은 비율로 산출량이 증가하는 규모의 수확량을 거둘 때에 분석 결과가 어떻게 바뀔 수 있는지 조사하기 시작했어요. 그 결과 수익이 증가하는 산업의 기업은 규모는 큰 반면 수는 적은 경향이 있어서 완전 경쟁보다는 불완전 경쟁 모형으로 설명하는 것이 더 적합했지요.

크루그먼의 이러한 분석은 '신무역 이론'이라 불리는데, 전통적인

공평한 분배를
꿈   꾼

무역 이론으로는 해석할 수 없었던 것이 가능해졌어요.

예를 들어 미국과 우리나라는 자동차를 서로 수입하고 수출하고 있는데, 이처럼 같은 산업 내 무역을 하는 이유를 크루그먼은 신무역 이론을 통해 설명했어요. 간단히 말하면 규모의 경제 때문이라는 것이지요.

또한 크루그먼은 경제학에 미치는 지리학의 중요성을 강조했는데, 이것이 '새로운 경제 지리학'의 이론 되었어요. 이는 경제 활동이 어디서 왜 일어나며 또한 어떤 의미가 있는지의 문제와 깊은 관련이 있어요. 이처럼 크루그먼의 다양한 이론(무역 이론, 경제 지리학, 수익 증가, 불완전 경쟁 등)은 서로 결합해서 주류 경제학에 영향을 미치고 있어요. 그리고 그는 이 시대에 가장 영향력 있는 경제학자로서 지금도 활발히 활동 중이지요.

Paul Krugman

출생 1953년, 미국 뉴욕
업적 국제 경제학. 특히 무역 이론에 크게 공헌. 노벨상 수상(2008년)

5장

역사 경제학과
제도 경제학

HISTORICAL AND
INSTITUTIONAL ECONOMICS

Consumer Behavior
소비자 행동

개인과 가정의 소비는 시장 경제의 강력한 원동력이에요. 투자가들은 소비자들이 미래의 지출에 대해 품은 기대를 자신들의 능력과 생산을 계획하기 위한 중요한 신호로 생각하지요. 사치품의 소비는 거대한 산업 경제를 움직일 수 없어요. 대량 생산이 대량 소비를 뒷받침하는 것이지요.

초기 신고전주의 학자들은 자신들의 주요 관심사였던 생산에서 이제 소비로 경제학의 초점을 바꾸었어요. 그들은 선택 이론으로 소비자 행동을 묘사했지요. 선택 이론에 따르면 효용 극대화 원칙에 따라 소비자의 선호가 달라져요.

현대 경제학은 제도 경제학자들의 소비자 행동 이론과 비슷한 입장을 취하며 여기에 심리학과 사회학의 도움을 받았어요. 예컨대 베블런의 '과시적 소비'는 소비자들이 다른 사람의 선호에 영향을 미치지 않는다는 개념에 이의를 제기했어요. 베블런은 『유한 계급론』에서 부유층들이 값비싸지만 대개는 쓸모없는 장식품과 옷으로 자신의 경제적, 사회적 힘을 과시한다는 사실을 설명했어요.

어떤 소비자들은 '군중의 일부'가 되기 위해 특정한 제품을 구입하지요. 따라서 소비는 개인의 사회적 위치와 관계를 표현하는 하나의 방법이 되었어요. 이런 유형의 행동을 '밴드왜건 효과'라고 말해요. 그런가 하면 자신을 군중으로부터 부각시키려는 마음에서 소비를 결정하는 사람도 있는데, 이런 행동을 '속물 효과'라고 불러요. 그렇다고 속물 효과가 값비싼 자동차를 몰거나 명품 옷을 입는다는 의미만은 아니에요.

'베블런 효과'라고 불리는 현상은 (일반적으로 가격이 낮으면 수요가 증가하고 가격이 높으면 수요가 감소하는) 수요의 법칙에서 어긋나지요. 베블런 효과에서는 수요 곡선이 오름세를 보이면서 가격이 높을수록 상품에 대한 수요가 높아지기 때문이에요. 남에게 과시하기 위해 더 비싼 물건을 살 수도 있고, 어떤 상품의 가격이 '믿기지 않을 만큼' 저렴하다면 무언가 결함이 있다고 생각되지 않나요?

소비자 행동에 대한 더욱 새로운 접근 방식은 많은 것이 적은 것보다 더 좋다는 극대화된 가정 대신 '만족'이라는 개념, 즉 충분한 것이 더 좋다는 개념을 택했어요. 또한 전통적으로 우세했던 합리성 가정의 대안으로 절차 합리성과 제한된 합리성이라는 개념이 등장했지요. 절차 합리성이란 소비를 결정할 때 규칙이나 습관, 사회적 기준, 경험과 더불어 다른 사람들이 추천하는 선택을 강조해요. 케인스는 '한계 소비 성향(소득이 증가하면서 발생하는 추가 소비)' 개념이 '심리 법칙'이라고 주장했으며, 제임스 듀젠베리는 '상대 소득 가설'을 제안하면서 모방을 강조했어요. 이는 베블런이나 제도주의 학자들을 연상시키는 개념이지요.

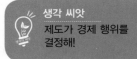

생각 씨앗
제도가 경제 행위를
결정해!

독일
역사학파

구스타프 폰 슈몰러

독일의 대표적인 경제학자로 손꼽히는 슈몰러는 베를린 대학의 교수였어요.
슈몰러는 독일 경제학회를 설립했으며 경제와 재정 개혁 분야에서 공헌한
인물이지요. 그는 훗날 독일 역사학파라고 일컬어지는 경제 분석 학파를 부
흥시켰는데, 이 학파는 복잡한 사회 경제학적 현상을 분석할 때 역사적 맥락
과 제도가 중요하다고 강조했어요.

독일 역사학파의 의의를 이해하려면 20세기 초
반의 전통적인 경제 이론이 연역적인 분석 방법에
의존했다는 사실을 기억해야 해요. 이는 인간이 경
제적 이익을 추구하기 위해 행동한다는 가정을 토
대로 '경제 법칙'을 이끌어냈지요. 예를 들면 인간
은 철저히 자기 이익에 따라 움직이는 '경제적 인
간'이라는 개념으로부터 개인의 이익이 조화를 이루
는 자기 조정적인 경제라는 개념이 등장한 것이에요. 이 같은 분석 과
정에서 역사적인 맥락과 제도는 그리 중요하지 않았어요. 경제 생활
의 법칙은 보편적이고 거부할 수 없으며 따라서 모든 역사적 상황에
적용되지요.

독일 역사학파는 전통적인 접근 방식의 오류를 깨닫고 대안을 개
발했어요. 이것이 바로 슈몰러가 『일반 경제학의 개요』에서 묘사한 역

공평한 분배를
꿈   꾼

사적인 분석 방식이에요.

슈몰러는 제도 분석을 바탕으로 경제 이론을 수립해야 한다고 확신했어요. 제도가 곧 경제 행위와 인간의 행위를 결정하니까요. 인간 본성에 대한 고정된 가정만으로는 경제 행위를 이해할 수 없어요. 이런 행위는 사회에 이미 존재하고 있는 관습과 전통, 제도에 크게 영향을 받지요.

슈몰러는 복잡한 사회 경제적 현상을 연구하기 위해서는 전통 경제학이 제안한 정적이고 보편적이며 추상적인 이론과는 반대로 역사적인 발전 과정을 살피고 인과 관계를 연구해야 한다고 주장했어요. 뿐만 아니라 경제학은 실생활의 다른 양상들과 분리해서 해석할 수 없다고 말했지요. 경제, 사회, 정치, 문화의 여러 요인과 그들의 상관관계를 역사적인 맥락에서 구체적으로 조사한다면 현재 경제 상황을 속속들이 이해할 수 있으니까요.

그는 이익이 조화를 이루는 자기 조정적인 경제라는 개념을 거부했어요. 반대로 사회 계급 사이의 갈등을 인식하고 국가가 개입해서 사회 개혁을 실시함으로써 이 갈등을 해소해야 한다고 믿었어요. 경제학이 역사적, 사회적 인식을 바탕으로 발전할 때 복잡한 사회 경제적 문제를 해결할 수 있는 것이죠. 독일 역사학파가 제시한 방법은 경제학과 사회 과학에 꾸준히 공헌했답니다.

Gustav von
Schmoller

출생 1838년,
독일 하일브론
업적 소장파 독일 역사학파
경제학의 지도자
사망 1917년,
독일 바트 하르트부르크

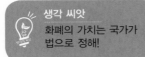
생각 씨앗
화폐의 가치는 국가가
법으로 정해!

화폐 국정학설 게오르크 프리드리히 크나프

> 20세기 초반 자국의 통화 제도에 가장 적합한 금속 본위제를 둘러싸고 전
> 세계 국가들의 논의가 한창이었을 때, 독일 역사학파의 일원인 게오르크 프
> 리드리히 크나프는 금속 본위제를 채택할 필요가 없다고 밝혔어요. 돈이
> 'chartal' 화폐가 될 수 있으므로 내재 가치를 가진 일상용품으로 돈을 뒷받
> 침할 필요가 없다고 주장했지요.

차탈 'chartal'이라는 용어는 그리스 어 'chartes'
에서 유래했어요. 파피루스 나뭇잎이나 종이, 혹
은 표시를 할 수 있는 물건을 뜻하는 단어지요. 크
나프는 교환 가치가 내재 가치보다 더 큰 모든 형
태의 돈을 'chartal' 화폐라고 표현했어요. 그는 '지
불 수단'이 '돈'이 된 것은 그 수단이 본질적으로 내
재 가치를 가지고 있기 때문이 아니라 국가가 허가하
고 공공 기관에서 세금을 납부하는 수단으로 인정한다고 선포했기 때
문이라고 주장했지요.

크나프는 국가가 세금을 징수하는 대안으로 동전을 만들었다고 설
명했어요. 따라서 국가의 화폐 주조와 과세 사이에는 밀접한 관계가
존재하는 것이죠. 국민들이 세금을 내기 위해서는 국가의 돈이 필요
하니까요. 국가는 세금을 이용해서 국민들이 상품과 서비스를 제공

공평한 분배를
꿈   꾼

하도록 유도하고 그 대가로 세금을 지불할 수 있는 돈을 공급했어요.

경제 규모가 점점 커지면서 금속이 귀해지자 지폐가 동전을 대신했지요. 그 결과 돈은 일종의 티켓, 다시 말해 가치 측정 수단이자 국가에 세금을 납부할 때 쓰이는 종잇조각에 불과해졌어요.

화폐국정설은 돈을 본질과 진화에 대한 금속주의자들(금속화폐의 사용을 주장하는 학자)의 견해와 대립되는 이론이에요. 전자는 화폐 이론과 국가 이론을 분리시키고 사적인 교환을 위해 화폐가 생겼다고 주장하지요. 이때 최소한의 비용으로 지불하는 수단이 화폐가 되었어요. 금속주의자의 접근 방식은 화폐나 그것을 보증하는 자산의 내재 가치를 강조해요. 1944년, 브레튼 우즈 회의가 열린 이후 금속주의 화폐 기준은 사라졌어요. 이때부터 금이 아니라 국가의 주권이 화폐의 가치를 보증하게 되었지요.

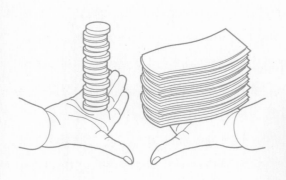

초기 화폐(동전)에는 내재 가치가 있는 반면 지폐나 종이돈은 가치의 표현일 뿐 그 자체로는 전혀 가치가 없다.

Georg Friedrich
Knapp
출생 1842년, 독일 기센
업적 화폐국정설의 도입을 주장
사망 1926년, 독일 다름슈타트

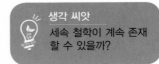

생각 씨앗

세속 철학이 계속 존재
할 수 있을까?

세속 철학 로버트 L. 하일브로너

하일브로너는 경제학자이자 실천적 지식인으로 『세속의 철학자들』이라는
책으로 잘 알려져 있어요. 이 책에서 그는 고전주의 정치 경제학자들의 극적
인 시나리오를 간단히 설명했는데, 자본주의의 '운동 법칙'과 '현재 속에 존
재하는 미래'를 일으키는 체계적인 경향, 더불어 냉혹하다고 해도 좋을 만한
자본주의 경제 제도의 행태를 묘사하고 있어요.

하일브로너의 주장에 따르면 자본주의 제도의
발전 과정은 경제가 존재하는 광범위한 사회·정치
적 환경, 그리고 변화하는 정치사회 경제 구조를 형
성해요. 또 그에 따라 형성되는 역사적 요인의 행
동 경향과 주관적인 욕구 등과도 분리할 수 없지
요. 초창기에 하일브로너는 세속 철학자들의 예측
에 매료되어 생산과 유통, 교환의 토대가 되는 경제적,
정치적, 문화적, 사회 심리학적 동기와 성향을 분석했어요. 이 과정에
서 그는 조지프 슘페터의 '비전'과 '분석' 개념을 해석했지요.

슘페터는 '분석 전의 인지 행위'에 과학적인 활동을 오염시키지 않
도록 방지하는 일종의 '정화' 효과가 있다고 생각했어요. 반면 하일브
로너는 경제 이론이 어쩔 수 없이 개인의 영향을 받는다고 생각했어
요. 선입관은 언제나 존재하며 이따금 표면 아래에 숨어 있지만 흔히

공평한 분배를
꿈   꾼

가정의 형태로 모습을 드러내어 분석 범주의
내용과 예측의 방향을 결정한다는 것이지요.

Robert L.
Heilbroner

출생 1919년, 미국 뉴욕
업적 역사, 경제학, 철학의
개념을 통합
사망 2005년, 미국 뉴욕

하일브로너는 뒤늦게 자신의 접근 방식을
해석적이라고 표현하면서 조사에는 반드시 해
석적인 차원이 있다고 강조했어요. '경제'는 전
체 사회의 일부이며 따라서 경제라는 주제를 정
의하다 보면 분석의 본질과 방향에 영향을 미칠 수밖에 없어요. 그래
서 보편적인 경제 법칙이라는 개념은 반대하고 인류 역사에서 볼 수
있는 자본주의의 특성을 강조했지요. 이처럼 하일브로너가 역사적 접
근 방식을 택하고 자본주의가 등장하기 전의 사회에서 시장을 '읽지'
않겠다고 거부한 덕분에 현대 신고전주의 경제학의 '경제학 제국주의'
로부터 잠시 해방될 수 있었어요.

하일브로너는 말년에 접어들어 현대의 상황에서 과연 세속 철학
이 계속 존재할 수 있을 것인가라는 문제에 대해 생각했어요. 그는
시나리오와 비전은 형식적인 절차에 따라 분석할 수 없다고 믿었지
요. 무엇보다 제도를 형성하는 경제 활동의 신뢰성은 줄어든 반면 정
치적 개입은 더욱 전략적으로 변했다는 입장을 취했어요. 따라서 그
가 『비전을 상실한 경제학』에서 밝혔듯이 "현실로부터 원하는 목적지
로 가는 경로를 묘사하는 청사진이 현재에 내재된 미래를 묘사하는
시나리오"를 대신함에 따라 '도구적' 접근 방식이 더욱 효과적인 방식
이 되었답니다.

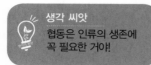

생각 씨앗
협동은 인류의 생존에
꼭 필요한 거야!

표트르 크로포트킨

러시아 사회 정치 철학자이자 무정부주의 운동의 대표적인 학자였던 크로
포트킨은 무정부주의를 자본주의와 국가에 대한 계급 투쟁의 산물이라고
생각했어요. 그는 무정부주의적 공산주의에 대한 논리적인 이론을 개발하
고 『현대 과학과 무정부주의』, 『상호 부조론』, 『토지, 공장, 작업장』 같은 수
많은 작품을 발표했어요.

크로포트킨의 무정부주의적 공산주의는 국가
와 자본주의를 모두 반대했어요. 그는 무정부주의
를 일상적인 계급 투쟁, 자본주의 착취, 그리고 국
가의 억압과 지배에 대한 노동자들의 투쟁에서 비
롯된 결과라고 보았어요. 자본주의는 소수에게 권
력을 주고 그들을 부유하게 만들기 위해 권력을 집
중시키지요. 크로포트킨은 스스로 관리하는 자유로
운 공동체의 사회에서 일어나는 분권적인 협력이야말로 사회 조직이
선호해야 할 형태라고 생각했어요.

무정부주의자들은 사회가 전문화를 통해 노동자 개개인이 다양
한 임무를 교대로 수행하도록 허용함으로써 생산성이 증가하면 분업
의 부정적인 결과에 영향을 받지 않고 노동자들이 그 혜택을 누릴 수
있다고 주장하지요.

크로포트킨은 『상호 부조론』에서 협동과 상호 부조가 모든 세계의 기준이라고 주장했어요. 서로 돕는 것이 인류에게 가장 중요한 생존 전략이라는 것이지요. 『토지, 공장, 작업장』에서는 이런 관점을 토대로 사회 조직 이론을 개발했어요. 이 이론은 공동의 관습과 자유 계약을 통해 서로 관계를 맺는 생산자들의 공동체를 토대로 삼고 있어요.

『현대 과학과 무정부주의』에서는 무정부주의를 과학적으로 연구하기 위해 노력했지요. 그는 훌륭한 자연과학자로서 인간과 동물의 진화에 대한 연구에서 정치적인 개념을 끌어냈어요. 크로포트킨은 과학적 조사 방법에도 정통하여 무정부 상태에 대한 과학적인 이론을 수립하려면 사회 분석 과정에 귀납적–연역적 방법을 적용해야 한다고 강조했지요.

이밖에 크로포트킨은 분업과 관련된 문제에 특히 관심을 기울였는데, 육체 노동과 지적 노동을 구분하는 것에는 반대했어요. 전체 사회 구성원에게는 구분 없이 모든 노동에 참여할 기회를 제공해야 한다는 주장이었지요. 뿐만 아니라 '토지'와 '작업장'을 구분하는 것도 반대했어요. 이 경우에도 모든 구성원에게 이 두 가지 환경에서 일할 기회가 필요하다고 주장했지요.

Peter Kropotkin
출생 1842년, 러시아 모스크바
업적 무정부주의적 공산주의에 대한 논리적인 이론을 개발
사망 1921년, 러시아 드미트로프

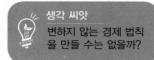

소스타인 베블런

미국
제도주의 학파

{ 경제학 역사에서 수수께끼 같은 인물로 여겨지는 소스타인 베블런은 제2차 산업혁명 시대를 살면서 작품을 쓰고 그의 경제 이론을 완성시켰어요. 이 시기에는 기술이 크게 발전해 대량 생산이 이루어지고 산업 조직의 소유권과 경영권이 분리되었지요. 베블런의 이론적 접근 방식은 제도 경제학이라고 일컬어지는 새로운 경제 분석 체계의 토대가 되었어요. }

 베블런은 정적인 경제 이론으로는 끊임없이 변화하는 사회 경제적 질서를 설명할 수 없다고 확신했어요. 그리고 이런 진화적인 특성을 제도적으로 연구하는 것이 경제학 연구의 핵심이라고 주장했지요. 이와 대조적으로 변하지 않는 경제 법칙을 수립하기 위해 노력했어요.

사회와 경제 분야에서 '무엇이, 어떻게, 왜' 변하는지 밝히기 위해 베블런은 두 가지 주된 요인, 즉 기술과 제도를 대략적으로 살펴보았어요. 기술 발전은 변화의 원동력이지만 이미 존재하는 사회 제도는 현재 상태를 유지하는 엄격한 수호자라고 할 수 있지요. 제도와 기술의 상반되는 힘이 합쳐져서 사회 경제적, 문화적 변화의 본질을 결정했어요. 베블런의 이론적 접근 방식은 제도 경제학이라고 일컬어지는 새로운 경제 분석 체계의 토대가 되었어요.

베블런의 지지자들은 미국을 넘어 전 세계에 제도주의 학파를 알렸어요. 이 학파는 경제 분석에서 역사적, 경험적 타당성을 강조하며 현실을 토대로 삼지 않은 이론은 공허하다고 했어요.

베블런을 세상에 알린 것은 어쩌면 과시적 소비 이론이었을 거예요. 그는 『유한 계급론』에서 돈과 관련된 경쟁이 소비자 행동에 중대한 역할을 한다는 사실을 입증했어요. 소비와 여유를 과시하는 것은 본인이 재정적인 면에서 우월하다는 사실을 입증하기 위한 수단이라는 것이지요.

베블런은 '금전 본능'이라는 용어를 만들어 인간의 부를 위한 투쟁이 얼마나 치열한지 보여주었어요. 그러나 인간의 행동을 유발하는 요인은 금전 본능만이 아니지요. 『장인 본능과 노동의 지루함』에서 베블런은 '인간은 장인 본능을 타고난 존재'라고 규정했어요. 유익한 업무를 수행하는 일 자체가 사람들에게 만족감을 준다는 것이지요. 그러나 안타깝게도 사업가들은 장인 본능에 따라 움직이지 않지요. 그들의 금전 본능이 장인 본능을 물리쳤으니까요.

베블런은 1904년 『비즈니스 기업 이론』에서 처음으로 비즈니스와 산업을 구분함으로써 유명해졌어요. 비즈니스의 핵심은 돈과 수익 창출인 반면 산업의 특징은 장인정신과 제품의 사회적 유용성, 혁신 등이지요.

Business Cycle Theory
경기 변동 이론

경기 변동이란 경제가 주기적으로 끊임없이 확장하고 수축하는 단기적인 패턴을 뜻하지요. 경기 변동 이론은 대공황이 일어났던 제차 세계 대전과 제2차 세계 대전 사이에 두각을 나타내며 경기 침체와 공황의 원인, 또 그 해결책에 대한 논의가 진행되었지요. 금융 제도나 통화 정책과 같은 재정적인 요인에 초점을 맞추기도 하고 기술 변화를 경기 변동의 요인으로 생각하기도 해요.

역사적으로 경기 변동은 그 움직임을 구성하는 경제적 요인에 따라 달라졌어요. 19세기에 물가 수준은 경제가 확장되는 시기에는 올라가고 수축되는 시기에는 떨어졌지요. 하지만 20세기 들어서는 물가가 꾸준히 올라갔지만 생산량과 고용 수준은 호황기에는 올라가고 불황기에는 떨어졌어요. 뿐만 아니라 '성장 침체' 같은 현상도 나타났지요. 이런 경우에는 생산량의 증가량은 떨어지지만 성장률은 감소하지 않아요.

경기 변동을 설명하기 위해 여러 가지 다양한 이론이 등장했어요. 대부분의 이론은 직접적으로나 간접적으로 투자를 조절하는 요인을 확인하기 위해 노력하지요. 이를테면 금융 제도나 통화 정책과 같은 재정적인 요인에 초점을 맞추는 이론과 기술 변화를 경기 변동의 요인으로 생각하는 이론이 있어요.

재정 이론은 무척 다양하지만 어떤 이론이든 상관없이 경기가 변동하는 것은 화폐와 신용, 금융 제도, 혹은 통화 정책 때문이라고 생각해요. 은행 금리와 자연 금리 혹은 기준 금리의 차이 때문에 신용 수요가 증가하거나 감소한다고 주장한 크누트 빅셀의 이론은 이후 수많은 경기 변동 이론에 영향을 미쳤어요. 트비히 폰 미제스, 프리드리히 하이에크, 그리고 오스트리아 학파는 잘못된 통화 정책을 비판했어요. 잘못된 통화 정책 탓에 이자율이 변화하고 그 결과 투자가들이 현명한 결정을 내리지 못해서 경제의 자본 구조에 영향을 미치기 때문이지요. 케인스는 투자 기대 심리가 낙관주의와 비관주의의 물결과 '유동성 선호 투자'(위험성이 높을 것으로 보이는 투자보다는 유동성이 큰 투자를 선호하는 투자)의 경제적 파급 효과(자금 수요가 높아진다)를 강조했어요.

이와 대조적으로 경기 변동 기술 이론은 재정적인 변화가 단순히 문제를 악화시키는 것은 사실이나 위기의 원인은 아니라고 생각했지요. 이 접근 방식에서는 성장과 경기 변동이 같은 현상에서 비롯되지만 재정적인 접근 방식에서는 성장과 경기 변동을 다른 방식으로 설명해요. 슘페터는 기술 혁신을 경기 변동의 원인이라고 보았어요. 이런 견해에 동조하는 다른 학자들은 경쟁 때문에 기업이 노동력을 절약하기 위한 기술 혁신을 도입할 수밖에 없다고 주장했어요. 다시 말해 경기 변동의 원인은 외부, 즉 시장에 있다는 의미이지요.

경기 변동으로 발생한 문제에 대한 접근 방식은 정부의 개입이 효과적이지 않다고 보는 방식부터 통화 정책이나 재정 정책이 더욱 중요하다고 생각하는 방식에 이르기까지 다양하지요. 현대에 들어서는 경기 안정을 위해 고용 프로그램, 소득 정책, 전통적인 재정 정책과 통화 정책을 보완하는 다른 형태의 접근 방식을 택하고 있어요.

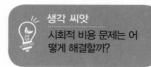
생각 씨앗

사회적 비용 문제는 어떻게 해결할까?

카를 빌헬름 카프

사회적 비용

> 유럽의 제도 경제학자인 카를 빌헬름 카프는 사회 생태계 붕괴와 무분별한 기업 활동으로 말미암은 퇴보를 경제적으로 분석하는 일에 평생을 바쳤어요. 카프는 소유의 형태(개인, 국가 등)와는 상관없이 모든 기업이 비용을 최소화하려는 특성 때문에 사회 생태학적으로 부정적인 영향을 일으킬 수 있다고 주장했지요.

현재와 미래 세대에 영향을 미치는 사회적 비용의 실례를 들자면 생산과 폐기물 처리 때문에 일어나는 환경 오염, 생태계 균형의 붕괴, 천연자원 고갈, 직업병, 방사능 노출, 노동 절약형 자본 집약적인 생산 활동으로 인한 실업 등이 있어요.

카프는 이들을 사회적 비용이라고 표현했지요.

비용을 지불할 책임이 결과를 일으킨 사람이 아니라 제3자나 사회 전체로 옮겨갔기 때문이에요. 환경 파괴와 오염을 예로 들면 비용을 지불할 책임이 있는 사람들이 지불하기를 거부하거나 피해 정도, 환경 파괴와 오염에 영향을 받는 사람들의 수, 그리고 영향의 정도를 확인하는 문제가 쉽지 않은 탓에 사회적 비용이 발생해요.

또한 환경 오염을 유발하고 몇 년이 지나야만 오염의 결과가 나타나기 때문에 문제를 해결하기가 더욱 어려워져요. 오염 과정이 누적

된다는 사실 또한 문제를 더욱 복잡하게 만들지요. 이 비용을 장기간 수십 개의 기업에게 분배하는 일은 여간 어려운 문제가 아니에요.

경제 분석에 사회적 비용을 고려하는 것은 시장 가치를 결정하는 일과도 관계가 있어요. 사회적 비용은 본질적으로 질적인 면과 관련이 있다는 사실을 고려하면 재정적인 비용 회계를 과연 사회적 비용에 적용할 수 있을지 의문이 생기지요. 사회적 비용의 원천과 전개 과정을 확인하지 못하여 적절히 재정을 측정할 수 없다면 사회적 비용을 완벽하게 실현하는 시장 정책을 수립할 수 없겠지요.

카프는 사회적 비용 문제를 해결하려면 문제가 발생하기 전에 각기 다른 과정을 채택하여 기술, 생산, 투자에 대한 결정을 내리는 수밖에 없다고 주장했어요. 만일 그런 방식이 실행된다면 사회적 비용에 영향을 받는 모든 사람들이 제각기 의견을 제시하겠지요. 이 같은 의사 결정 과정은 투자를 결정할 때 발생할 수 있는 비용과 혜택에 대한 사회적 평가 과정을 토대로 진행되지요. 이런 결정에 적용되는 가장 중요한 객관적인 기준은 깨끗한 공기와 물 그리고 식량, 주택, 의료 서비스, 교육, 안전 등 객관적으로 인간에게 필요한 요소들을 확보하는 것이에요. 사회에 필요한 최소한의 조건을 제공한다면 투자가들이 영리를 추구하느라 생태계와 사회의 재생산을 위한 조건들을 위험에 빠뜨리는 일은 없을 거예요.

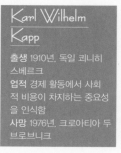

Karl Wilhelm Kapp

출생 1910년, 독일 쾨니히스베르크
업적 경제 활동에서 사회적 비용이 차지하는 중요성을 인식함
사망 1976년, 크로아티아 두브로브니크

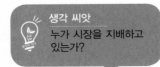
경제학의
권력 # 존 케네스 갤브레이스

> 존 케네스 갤브레이스는 통념에 도전한 학자예요. 캐나다의 한 농장에서 자란 갤브레이스는 캘리포니아-버클리 대학교에서 농업 경제학을 공부했어요. 그는 시장의 혜택에 대해 회의적인 한편 정부가 경제 규제를 실시해야 한다는 입장을 지지했어요. 갤브레이스는 완전 고용을 목표로 삼는 후기 케인스 학파 정책의 열렬한 옹호자였어요.

경제학 분야가 더 형식적이고 수학적인 모형으로 변화할 때 갤브레이스는 마르크스, 케인스, 슘페터, 베블런뿐만 아니라 과거 고전주의 경제학자들의 정치 경제 전통을 철저하게 지켰어요. 그가 발표한 수많은 저서 가운데 대표작을 꼽자면 『1929 대폭락』, 『풍요로운 사회』, 『새로운 산업국가』, 『경제학과 공적인 목적』 등이 있어요.

갤브레이스는 완전 고용을 목표로 삼는 후기 케인스 학파 정책의 열렬한 옹호자가 되어서 거대 기업의 시대에 현대 자본주의 경제에서 일어난 다양한 발전 상황을 설명하지 못한 전통적인 경제 이론을 비판했지요. 당시는 소규모 경쟁 기업 체계가 높은 시장 지배력을 누리고 있는 거대 기업과 부딪치는 일이 많았고, 통념과는 달리 거대 기업은 광고를 통해 소비자뿐만 아니라 물가를 지배하게 되었지요.

갤브레이스는 광고의 전통적인 역할은 정보를 제공하는 것인데, 기업이 광고를 통해 인위적으로 소비자의 욕구를 일으켜 충족시킴으로써 소비자들을 조종한다고 주장했어요. 그리고 소비자 주권이라는 신고전주의의 개념을 공격하고 대신 생산자 주권이라는 개념을 제시했지요.

갤브레이스는 19세기 기업 자본주의의 특성인 경쟁적인 시장 지배력을 '계획 시스템'이라는 용어로 표현했어요. 그는 이후로도 자신의 개념을 계속 발전시켰어요. 이를테면 신고전주의 이론을 자유시장 경제에 적용할 수 있는 반면 현대 기업의 계획 시스템은 이 이론적인 체계에 적합하지 않다고 주장했어요. 당시 현대 기업의 계획 시스템은 부와 권력을 대부분 차지하여 불공평한 분배를 초래한 장본인이었지요. 신고전주의 경제학이 권력 투쟁이라는 문제에 대처하지 못했기 때문에 갤브레이스는 이를 평생의 연구 과제로 삼았어요.

John Kenneth
Galbraith

출생 1908년,
캐나다 온타리오
업적 정부의 경제 규제
를 지지
사망 2006년,
미국 매사추세츠

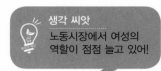

생각 씨앗
노동시장에서 여성의
역할이 점점 늘고 있어!

성별
경제학 **샬럿 퍼킨스 길먼**

{ 길먼은 독학으로 경제 사회학을 공부한 학자이자 사회 비평가, 작가였어요. 그녀는 노동 시장에서 차지하는 여성의 역할이 점점 증가하면서 여성을 해방시키는 한편 경제에도 이바지할 것이라고 주장한 선구자였지요. 길먼은 경제 구조에서 가정 노동이 차지하는 역할의 중요성을 강조하고, 집안일이나 육아 활동이 시장에서 제공하는 서비스로 발전할 것이라고 예측했어요. }

길먼이 경제학 분야에서 발표한 가장 유명한 저서는 『여성과 경제』예요. 여성 경제학의 어머니로 많은 사람에게 인정받는 길먼은 성의 불평등이 일어난 원인이 생물학적인 요인이 아니라 제도적 구조에 있다고 믿었어요. 따라서 제도적 변화가 성별-경제 관계를 변화시킬 수 있으며 이것은 사회 전반에 이로운 것은 물론 여성의 발전에도 도움이 될 수 있다고 주장했지요. 그녀의 주장은 전문가를 통해 효율성과 생산량이 증가한다는 경제 원칙에 토대를 둔 것이었어요.

길먼은 평등한 결혼의 개념을 제시하면서 효율성이 높아지면 남성과 여성 모두에게 이로우며 시장에서 가사 활동을 제공하는 일이 증가할 것이라고 강조했어요. 다윈에게 영향을 받은 그녀는 사회, 특히 계획된 제도가 부분적이나마 인간의 진화에 영향을 미친다고 생각했

공평한 분배를
꿈   꾼

지요. 따라서 그녀는 시장이 해결책을 가지고 있다고 믿는 사회주의자에 가까웠고, 그녀의 저서는 같은 시대에 살았던 소스타인 베블런의 저서와 무척 비슷했어요.

그동안 신고전주의와 마르크스 주의의 접근 방식은 '성별을 전혀 고려하지 않고' 이론의 체계에 남성 중심적인 성질이 담겨 있다는 사실을 숨겼다고 줄곧 비판을 받았지요. 보수를 받지 않는 가사 노동보다 보수를 받는 시장 노동에 특권을 제공하는 것은 성 편견에 사로잡힌 경제학의 한 사례로 볼 수 있어요. 성별에 따른 직업 구분과 임금의 차이가 이론적, 경험적 조사의 주제가 되었지요. 인종의 경제적 불평등을 일으켰던 차별을 포함해 신고전주의 차별 이론이 성 관계에도 적용되었어요.

인간 개발 지수(HDI)를 성별 차이 문제(GDI)인 남녀 평등 지수까지 확대되고 여성과 개발이 학문의 한 분야로 등장하면서 성별은 또한 개발 경제학의 중요한 분야로 자리 잡았어요. 흑인과 제3세계의 남녀 평등주의는 서양의 남녀 평등주의 접근 방식에 나타나는 계급과 인종 편견을 지적하고 생태학적 남녀 평등주의자들은 성별 문제를 환경과 연관시켰어요.

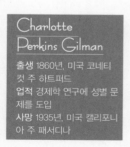

Charlotte
Perkins Gilman
출생 1860년, 미국 코네티컷 주 하트퍼드
업적 경제학 연구에 성별 문제를 도입
사망 1935년, 미국 캘리포니아 주 패서디나

6장

개발
경제학

DEVELOPMENT ECONOMICS '

사이먼 쿠즈네츠

니콜라스 제오르제스쿠-로에겐

경제 개발

조지프 슘페터

바실리 레온티에프

아마르티아 센

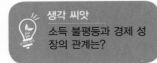

생각 씨앗

소득 불평등과 경제 성
장의 관계는?

**성장과
불균형** 사이먼 쿠즈네츠

{ 미국 경제학자로 노벨상을 수상한 쿠즈네츠는 수입 증가와 불평등, 국가 소
득 회계에 관한 연구에 힘을 쏟았어요. 또 경제 발전과 성장 이론, 경기 변동
이론으로 유명하지요. '국가 소득 회계의 아버지'라고 일컬어지는 그는 한 나
라의 발전은 단지 내부적인 요인에 따라 결정되는 것이 아니며 경제 성장과
소득 분배 문제에 있어서는 세계 환경을 살펴야 된다고 했어요. }

쿠즈네츠는 1954년 미국 경제학회 회장으로 선
출되어 전국 경제 조사국(NBER)에서 웨슬리 C.
미첼과 공동으로 국민 총생산의 표준 척도를
개발했어요.

쿠즈네츠는 소득 불평등과 경제 성장 사이에
는 뒤집어진 U자 형태의 관계(쿠즈네츠 곡선)가 존재
한다고 밝혔어요. 이 가설에 따르면 경제가 발전하는 과정(경제 발전
수준은 1인당 실질 국민 총생산으로 측정)에서 개인 소득의 크기 분포는
처음에는 고르지 않다가 점차 안정되면서 나중에는 동등해지지요.

1인당 국민 총생산이 낮은 수준일 때는 최저 소득층이 생존하는
데 필요한 최소 요구량 때문에 불평등이 그리 심하지 않은 것으로 나
타났어요. 하지만 경제가 성장하고 고소득층에 저축이 집중되며 노
동의 산업 구조가 농업에서 제조업으로 옮겨가면서 상대적인 불평등

126

공평한 분배를
꿈   꾼

이 커지게 되지요. 그러나 성장이 계속되면 저항 세력이 나타나 불평등이 다시 줄어들어요.

쿠즈네츠는 이런 현상의 원인이 사회와 기술의 변화뿐만 아니라 인구 통계학적으로도 있다고 보았어요. 후자는 상속세와 같은 법적 요인이나 고소득층에 속하는 인구가 상대적으로 줄어드는 현상을 일으키지요.

쿠즈네츠는 당시 저개발 국가와 선진국이 거친 산업화 이전의 변화 단계에 큰 차이가 있다는 사실을 깨달았어요. 그는 그런 차이가 저개발 국가의 경제적 발전과 성장에 훨씬 더 큰 걸림돌이 될 것이라고 여겼지요.

어떤 사람들은 쿠즈네츠와 생각은 달랐지만 개발도상국이 소득 분배보다는 성장에만 초점을 맞추어야 한다는 견해를 지지하기 위해 그의 가설을 이용하기도 했어요.

쿠즈네츠 곡선은 GNP가 증가하면 소득 불평등이 줄어든다는 사실을 보여 준다.

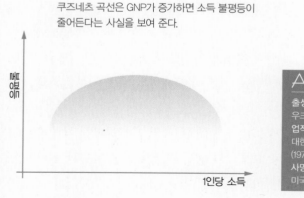

불평등

1인당 소득

Aristoteles
출생 1901년, 우크라이나 하리코프
업적 경제 성장 이론에 중대한 공헌. 노벨상 수상 (1971년)
사망 1985년, 미국 매사추세츠

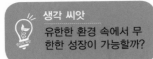

생각 씨앗
유한한 환경 속에서 무
한한 성장이 가능할까?

생태 경제학 니콜라스 제오르제스쿠-로에겐

{ 니콜라스 제오르제스쿠-로에겐은 생태학적 경제학 혹은 생물학적 경제학
의 창시자로 알려져 있어요. 그는 경제학의 생물 물리학적 토대를 마련하기
위해 광범위한 연구를 했어요. 또 경제학과 환경, 사회 현실의 관계를 연구
하면서 엔트로피와 경제 발전으로 인해 발생하는 환경 파괴에 관심을 기울
였지요. }

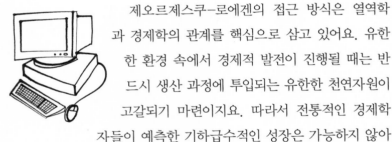

제오르제스쿠-로에겐의 접근 방식은 열역학
과 경제학의 관계를 핵심으로 삼고 있어요. 유한
한 환경 속에서 경제적 발전이 진행될 때는 반
드시 생산 과정에 투입되는 유한한 천연자원이
고갈되기 마련이지요. 따라서 전통적인 경제학
자들이 예측한 기하급수적인 성장은 가능하지 않아
요. 성장은 물론이고 제로 성장 상태 또한 유한한 환경에서는 영원히
지속될 수 없어요. 열역학 법칙에 따르면 경제는 반드시 축소되지요.

환경에는 생물물리학적인 제약이 존재하기 때문에 무한 성장이란
있을 수 없어요. 심지어 태양 에너지도 해결책이 되지 못해요. 광물
자원의 엔트로피가 저하되는 것이 에너지의 엔트로피가 저하되는 것
보다 훨씬 더 중요할 수도 있으니까요. 따라서 광물 자원과 에너지 소
비는 되도록 줄여야 하지요.

공평한 분배를
꿈   꾼

제오르제스쿠-로에겐은 자원 사용의 세대 간 불평등이라는 문제를 강조했어요. 현재 세대의 경제 활동은 미래 세대의 경제 활동에 영향을 미치지요. 유한한 환경의 에너지와 물질은 고갈되어 복구할 수 없고 오염은 점점 환경에 해로운 영향을 미치니까요. 그러나 아무리 현재 세대가 자원을 독점한다고 해도 미래 세대는 이 과정에 대해 전혀 발언권이 없어요.

기술 혁신이 일어난 다음 중대한 광물학적 발견이 따르지 않는다면 유한한 자연 환경에서는 기술이 발전할 수 없지요. 따라서 환경에 해롭지 않은 생산 방식과 에너지 생성 방식을 개발하는 방향으로 기술 혁신이 일어나야 해요.

제오르제스쿠-로에겐은 경제에서 수요와 관련된 사람들이 소비를 줄이고 쓰레기를 줄이는 방법으로 환경을 유지하는 데 중요한 역할을 할 수 있다고 강조했어요. 인간은 유용한 자원을 최대한 빨리 고갈시킬 것인지 아니면 생활 수준을 낮추고 미래 세대의 생존권을 보호할 것인지 선택할 수 있지요. 따라서 근시안적인 태도를 버리고 주변과 단절된 이기적인 소비자가 아니라 진화하는 유기체(인류)의 일부로 자신을 인식해야 합니다.

Nicholas
Georgescu-Roegen

출생 1906년.
루마니아 콘스탄차
업적 열역학으로부터 엔트
로피 개념을 도입
사망 1994년.
미국 테네시 주 내슈빌

Economic Development
경제 발전

'개발'에는 사회와 경제의 양적 발전뿐만 아니라 질적 발전의 의미도 담겨 있어요. 고전주의 학자들은 대개 경제 발전 이론을 제시했지만 이 용어는 조지프 슘페터와 같은 후대의 학자들이 했던 연구와도 관련이 있어요. 제2차 세계 대전이 끝난 후 경제 발전이라는 용어는 흔히 아시아, 아프리카, 아메리카 대륙의 개발 도상국가를 언급할 때 사용되었지요.

경제 발전 분야가 등장한 초기에는 일반적으로 산업 국가에 적합한 정책, 특히 당시 유행하던 케인스 학파의 정책이 개발도상국가에는 어울리지 않는다고 생각했어요. 케인스의 이론에 따르면 국가에는 고용되지 않은 노동력뿐만 아니라 사용되지 않은 능력이 엄청나게 많아요. 따라서 고용을 증가시키고 더 많은 능력을 활용할 목적으로 확대 재정 정책과 통화 정책을 마련하지요. 개발도상국가에는 잉여 노동력은 존재하지만 능력이 없으며 그렇기 때문에 자본이 형성되어야 해요.

초기 발전 경제학은 대개 식민지 상태에서 벗어난 개발도상국의 특이한 상황에 초점을 맞추었어요. 개발도상국이 식민지 상태였을 때 본국은 식민지의 자원을 착취하고 균형적인 성장의 조건에는 거의 관심을 기울이지 않았지요. 그 결과 대부분의 개발도상국은 독립한 이후에 자국 경제의 여러 분야를 통합하지 못했어요. 그동안 산업 국가를 위해 한 가지 혹은 소수의 농작물이나 천연자원을 생산하는 데 적합한 구조로 만들어졌기 때문이에요. 그래서 세계 생필품의 가격이 변화하거나 제조상품과 1

130

차 상품의 거래 조건이 불리해지면 어려움을 겪게 되었지요.

국제 연합은 지금껏 경제 발전을 장려하는 과정에 중대한 역할을 담당했어요. 특히 국제 연합 무역 개발 회의(UNCTAD)와 국제 연합 개발 프로그램(UNDP)은 다양한 프로젝트를 감독하고 자금을 제공하기 위해 노력하는 한편 개발 계획과 정책 수립과 관련된 수많은 연구를 실시했지요.

세계 은행과 국제 통화 기금과 같은 국제 기구도 경제 개발에 상당한 영향을 미쳤어요. 20세기 후반 이런 기관들은 정부가 개입해야 한다는 입장에서 구조 조정 프로그램(SAPs)에 포함된 시장 중심적인 정책으로 초점을 바꾸었어요. 예를 들면 균형 예산, 세금 감면, 정부 지출 감소, 규제 완화, 시장 자유화와 자유 무역을 위한 다른 정책 등에 초점을 맞추었지요.

이런 계획들이 경제 발전을 증진시키는 데는 어느 정도 성공을 거두었지만 세계적인 빈곤과 불평등, 그리고 실업 문제는 아프리카 등지에서 여전히 해결되지 않았어요. 에이즈 위기와 같은 아프리카의 보건 문제는 중대한 걸림돌로 작용하지요. 뿐만 아니라 생활수준을 높이는 데 실패함으로써 여러 지역에서 사회와 정치가 불안해졌으며, 그 결과 자원이 낭비되고 경제 발전에도 제동이 걸렸어요.

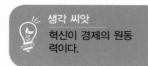
혁신의 경제학 조지프 슘페터

> 모라비아에서 태어난 오스트리아 출신의 미국 경제학자 조지프 슘페터는 경제 개발과 경기 변동 이론을 제시한 가장 위대한 학자로 손꼽혀요. 그의 이론 가운데 가장 널리 알려진 것은 '창조적 파괴'예요. 슘페터는 가격 경쟁이라는 전통적인 개념을 혁신의 경쟁 개념으로 바꾸었어요.

경기 변동이라는 개념은 경제 성장이 점진적이거나 지속적인 과정이 아니라 성장과 침체가 반복되며 순환하는 파도와 같은 역동적인 과정이라는 견해예요. 슘페터는 이런 순환과 경제 발전의 원동력을 발견하기 위해 노력했어요. 그는 『경제 발전 이론』과 『경기 순환론』에서 경제의 움직임에 관한 주요 개념을 발표했지요.

슘페터는 기술 진보(혹은 혁신)가 경제의 정체 상태를 파괴하는 주된 원동력이라고 보았어요. 기술 진보는 변화를 유도하며 그 결과 경제의 정체 상태를 파괴하지요. 일단 혁신이 성공적이라고 입증되어 널리 확산되면 시스템은 다음 혁신이 일어날 때까지 정체 상태에 빠지지요. 슘페터는 기업가들이 지속적인 수익을 거둘 더 좋은 기회를 찾기 위해 시장에 혁신적인 제품을 제시한다고 보았어요. 기업가들의 창조

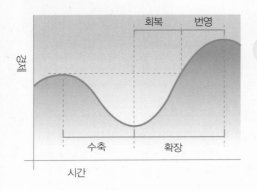

회복　번영

경제

수축　확장

시간

초기 혁신은 과잉 경쟁과 공급 과잉으로 불경기를 초래하지만, 이는 또다른 혁신을 준비하는 과정이다.

적인 에너지가 경제 발전의 중심 요소이기 때문에 기업가는 그의 일차적인 관심사였고 경제 발전 분석의 핵심 단계였지요.

슘페터는 가격 경쟁이라는 전통적인 개념을 혁신의 경쟁 개념으로 바꾸었어요. 기업은 가격 면에서 경쟁하는 대신에 이를테면 시장에 경쟁적인 신제품을 제시함으로써 기존 제품의 품질을 향상시키고 새로운 서비스를 제공하는 방법으로 경쟁하는 것이지요. 심지어 독점과 과점 상태에도 혁신해야 할 필요성은 항상 존재해요.

슘페터의 통화, 신용, 재정 시스템 이론 또한 그의 전반적인 비전에 중요한 역할을 하지요. 기업가들은 혁신 과정에 필요한 자금을 자산으로만 충당할 수는 없어요. 따라서 시장의 혁신을 장려하려면 신용 창조 능력과 적절한 신용 조건을 갖춘 금융 시스템이 필요하답니다.

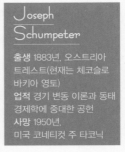

Joseph Schumpeter

출생 1883년, 오스트리아 트레스트(현재는 체코슬로바키아 영토)
업적 경기 변동 이론과 동태 경제학에 중대한 공헌
사망 1950년, 미국 코네티컷 주 타코닉

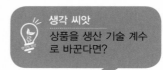

생각 씨앗
상품을 생산 기술 계수
로 바꾼다면?

투입–산출 분석   바실리 레온티에프

{
바실리 레온티에프는 경제 분석과 정책에 반드시 필요한 도구인 현대적 투입 산출(I−O) 분석을 개발하고 그 공을 인정받아 1973년 노벨상을 받았어요. 나아가 국제 무역, 기술 실업, 환경 경제학과 같은 분야에 투입–산출 체계를 적용했지요. 투입–산출 체계에는 유용한 특성이 많지만 그 가운데 한 가지는 기술 혁신이 경제에 미치는 영향을 입증할 수 있다는 사실이에요.
}

러시아에서 태어난 레온티에프는 고향에 있는 상트페테르부르크 대학교를 졸업하고 독일로 이주해서 '키엘 학파'에 가담했어요. 이 학파는 산업 자본주의의 관계를 모형으로 만드는 과정에 케네의 경제표와 마르크스의 재생산 표식을 참고했지요. 레온티에프는 1928년 베를린 대학교에서 박사 학위를 받고 이후 하버드 대학교의 교수가 되었으며, 1975년에는 뉴욕 경제 분석 연구소 소장으로 임명되었지요.

레온티에프는 시장과 일반 균형을 이루고 있는 상품을 고정된 생산 기술 계수로 바꾸는데 관심을 기울였어요. 그가 만든 투입–산출 표를 보면 산업 생산 구조와 생산의 기술 구조를 확인할 수 있어요.

다분야 모형은 특히 실세계를 분석하는 과정과 대규모 경제 계획을 포함한 정책 수립 과정에 유용해요. 레온티에프는 전후 시대에 프

공평한 분배를
꿈   꾼

랑스와 일본 학자들이 이용했던 유도 계획의 지지자였어요. 유도 계획이란 계획 위원회가 모든 가격과 수량을 고정시키기보다는 소수만을 택해 핵심 산업에 투입하고 시장 메커니즘을 통해 영향력을 확대시키는 방법을 말해요.

투입−산출 체계에는 유용한 특성이 많지만 그 가운데 한 가지는 기술 혁신이 경제에 미치는 영향을 입증할 수 있다는 사실이에요. 이를테면 기차와 자동차처럼 중대한 혁신은 직간접적으로 다른 분야를 자극할 수 있지요. 아울러 신기술이 등장하면 다른 기술이 밀려나고 어떤 분야는 완전히 사라질 수도 있어요. 투입−산출 분석은 이런 식으로 경제의 구조적 변화를 설명할 수 있어요.

Joseph
Schumpeter

출생 1906년, 독일 뮌헨
업적 투입−산출 분석 개발
사망 1999년, 미국 뉴욕

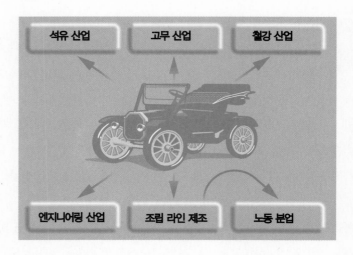

자동차의 발명과 같은 한 산업의 발전이 언뜻 보기에 관련이 없을 것 같은 여러 산업에 중대한 영향을 미칠 수 있다.

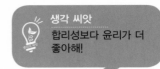
생각 씨앗
합리성보다 윤리가 더
좋아해!

인간 개발 지수 아마르티아 센

아마르티아 센은 인간 능력 개발과 가난, 불평등, 실업, 영양실조 등 인간의 잠재력을 가로막는 경제적 고통의 완화에 관한 연구로 1998년 노벨 경제학상을 받았어요. 그는 인간 개발을 측정할 수 있는 새로운 지표를 개발하는 일에 힘 썼어요. 센은 경제 분석에서 인간의 합리성을 강조한 전통적인 접근 방식을 비판하고 윤리를 고려해야 한다고 강조했어요.

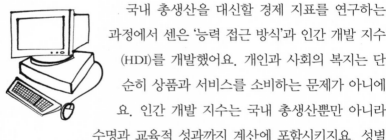

국내 총생산을 대신할 경제 지표를 연구하는 과정에서 센은 '능력 접근 방식'과 인간 개발 지수(HDI)를 개발했어요. 개인과 사회의 복지는 단순히 상품과 서비스를 소비하는 문제가 아니에요. 인간 개발 지수는 국내 총생산뿐만 아니라 수명과 교육적 성과까지 계산에 포함시키지요. 성별과 인종·민족, 소득 불평등 같은 문제를 설명하기 위해 다양한 형태의 인간 개발 지수가 개발되었어요. 불평등에 초점을 맞춘 것은 상대적 불평등이 절대적 능력에 영향을 미칠 수 있다는 센의 전제에 따른 것이었어요.

이러한 전제는 센의 연구에 커다란 영향을 미치게 돼요. 가령 고용 문제를 논의할 때 센은 세 가지 중대한 측면을 제시했지요. 고용은 종업원에게 소득을 제공하고 사회에 상품과 서비스를 제공하며, 그 결

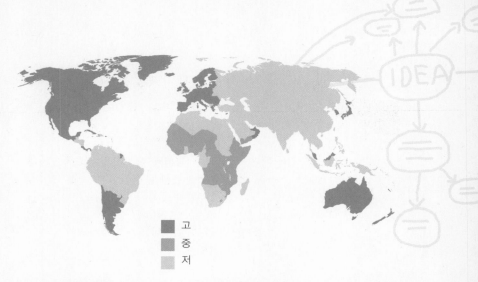

고
중
저

인간 개발 지수는 개발도상국과 선진국 사이의 불평등을 나타내는 다른 사회 경제적 요인과 함께 GDP, 수명, 교육적 성과를 측정한다.

과 종업원은 가치 있는 활동에 참여함으로써 공동 사회에 기여한다는 인정을 받게 됩니다. 처음 두 측면은 일반적으로 알고 있지만 세 번째 측면 또한 중요하지요. 실업과 임상 우울증에 관한 연구에서도 이 개념의 타당성을 뒷받침하는 증거가 등장하면서 이것이 단순히 소득과 생산에만 적용되는 것이 아니라는 사실이 입증되었어요.

센은 기근에 대해서도 생산량이 줄어서 식량이 부족해지는 것이 아니라 분배가 잘못 됐다고 했어요. 자원 부족이나 인구 과잉이 아니라 사회 메커니즘이 원인이라는 것이지요. 센은 경제 분석에서 인간의 합리성을 강조한 전통적인 접근 방식을 비판하고 윤리를 고려해야 한다고 강조했어요.

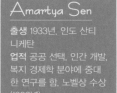

Amartya Sen

출생 1933년, 인도 산티니케탄
업적 공공 선택, 인간 개발, 복지 경제학 분야에 중대한 연구를 함. 노벨상 수상 (1998년)

인덱스